バッグ、ポーチなどの小ものと
キルトの作りのためのアイデアとお話

小関鈴子の モードなキルト

Quilts du mode

日本ヴォーグ社

はじめに

キルトを作る人にとって布は宝ものです。
気に入った布は
裁ち残った小さなはぎれでも
愛おしくて捨てられません。
手元にあるたくさんのきれを配色している時間は愉しく、
でき上がった作品が思いがけず素敵だったり、
かわいいと思えた時は
とても嬉しく小さな幸せを感じます。
この本では、そんな大切な布たちを使って
よりおもしろく、より新鮮に、私なりのモードになるような
アイデアをまとめました。
“モード mode”とは、流行、様式、スタイルなどのこと。
毎日使うバッグやポーチ、エプロン、スカート
生活の中でいかせる作品創りは
大人の女性が使っているシーンを
想像しデザインしました。
一つでも作ってみたいと思ってくだされば嬉しいです。
そして、この本を手にとったくださった
あなたの“モード”が見つかりますように。

小関鈴子

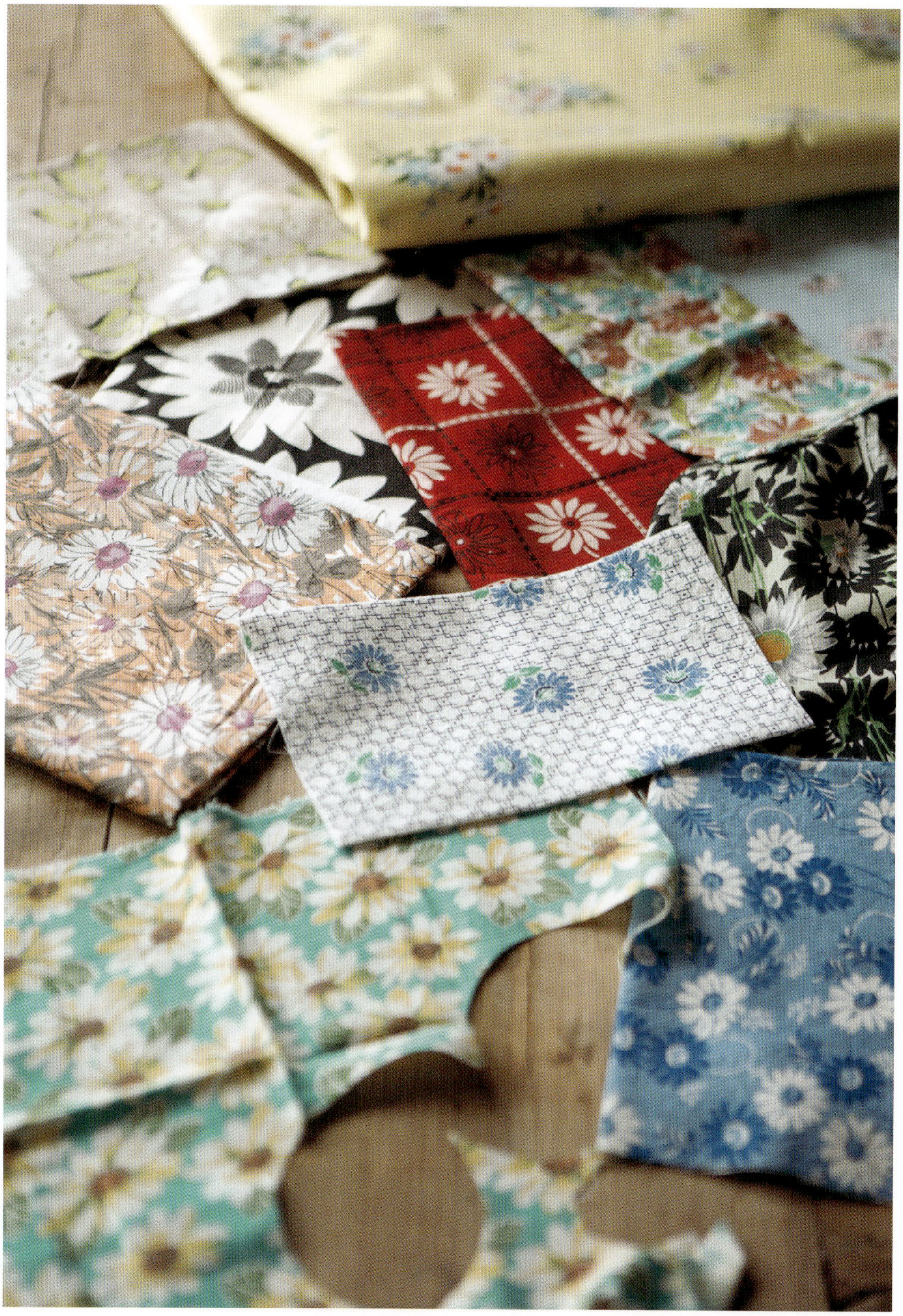

もくじ

Formal Jacket
+Denim Pants
Couturier
Styliste / Modeliste
Textile designer
Tailor / Dressmaker
PRÊT

A
B
C

★この本は、雑誌『キルトジャパン』
2014年1月号～ 2016年10月号まで
連載したものを再編集し、
一部新しいページを加えたものです。

この本に関するご質問は、
お電話またはWEBで
HOT LINE あみものホットライン
書名／小関鈴子のモードなキルト
本のコード／ NV70384
担当／石上
Tel:03-5261-5083
（平日13:00~17:00受付）
WEB：http://book.nihonvogue.co.jp/（終日受付）
WEBサイト「日本ヴォーグ社の本」
画面右上（お問い合わせ）からお入りください。
（注）WEBでのお問い合わせはパソコン専用となります。

mode 1 残り布をつないで

A

残り布からイメージしてポーチを作りました。白系の布を中心にパッチワークをしたベースの上にリボンやレース、布を重ねてコラージュしています。まちにははっきりした強い色を持ってきてメリハリをつけました。派手なバッグは持つのが苦手でも、ポーチなら思い切った配色を楽しめますね。

　配色は誰しも悩みがちですが、全体を見てみて気に入らないところには、ピースワークをした上に布やリボンを重ねてミシンで押さえてしまいます。一度縫ってしまったらやり直すのは大変と思うかもしれませんが、上から重ねてしまえば簡単ですし、おもしろい表情が生まれます。

　ポーチ本体は型紙は作らずフリーで描いた形でそのまま作っています。例えば、丸やカーブはどうしてもゆがんでしまいますが、フリーで描いた形ならデコボコになってしまってもわかりませんし、それが個性になります。自由に作ることで逆手にとりました。

01

小さなはぎれをミシンでピースワークをしてベースを作り、その上にリボンやレース、さらに布をのせてコラージュのようにして作りました。まちをたっぷりとったので、収納力も抜群です。

← 作り方66ページ

B

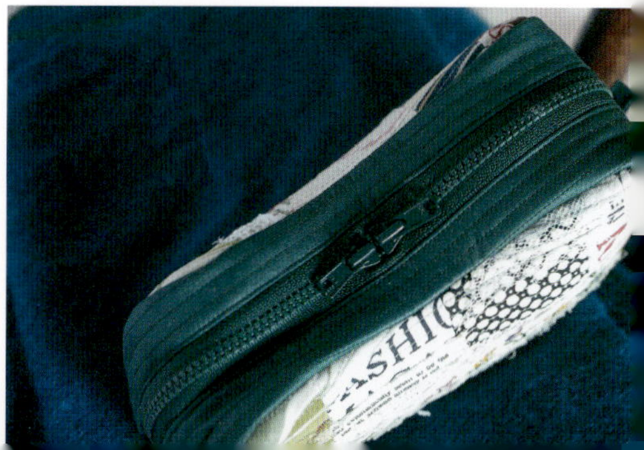

C

D

E

A ファスナーのすぐ下につけたボタンは、持ち手を止めるためにつけましたが、装飾的な意味もあります。

B まちには深い緑色の無地布を用いました。チンツ加工の質感がアクセントになります。

C 取り外し可能な持ち手をつけて、バッグのように持つこともできます。

D 中央がくぼんだ形なので、片手でも持ちやすいデザインです。

E 裏側にはイニシャルをアップリケしました。

小関流
残り布活用術

このリボンはイギリスのアンティーク店で見つけたもの。ご覧のようにボロボロでほつれてきてしまっています。それでも、素朴な雰囲気の花の刺しゅうがかわいくて、私には宝物に見えました。ほかの人からは見向きもされていなかったのは、実は幸いでした。大切にカットして、ポーチにも使っています。ほつれなんて気にしません。それが味になりますから。

残った布やはぎれは、かごにどんどん投げ入れておきます。その際に使用するかごは、ふたのない、浅めのもので中が見えるもの。常に目に入るようにしておきます。きれいにアイロンをかけてたたんでおくことはしません。無造作に入っているものの中からきれいに見えるもの、目につくものを選んで使います。

bright color

どんなに小さな切れ端でも大切な布。捨てられません。かごに入れておき、気がついた時に取り出して縫いつないでおきます。よくするのは、同系色で集めておくこと。生成り系の布、赤系の布、またはダークカラーでそろえるなど。色の系統でそろえておきます。縫い代がとれないような大きさの布でも大丈夫。切りっぱなしのまま上からのせてコラージュにしてしまいます。柄があるものは、その形にカットしておいてもいいですね。ピースワークをした配色が気に入らない時は上に重ねてステッチしてしまえば失敗いらずです。

アンティークのレースは汚れたりほつれたりしているものもありますが、かえって惜しみなく使うことができます。そのまま使うより、わざと手で裂いたりして変型させて使うと雰囲気が出ます。

残り布からアイデアをもらうこともたくさん。でも、布が捨てられず、ますます増えていってしまうのが目下の悩みです。

antique race

dark color

cut-off piece

03

こちらも布をランダムにのせて、ミシンで上から縫いました。まちは作らず、ペタンこのままにしています。持ち手を長めにたっぷりととって、肩から掛けてもいいですね。

← 作り方70ページ

02

水玉の土台に残り布をランダムにのせました。アルファベットのプリントをテープ状にしておくと、効果的に使えます。ところどころに置いた赤を持ち手にも使って。

← 作り方68ページ

ST
April 20
21056
Guinness and shepherd's pie

mode 2 BORO（ボロ）

04

使い古しのやぶれた布と、傷んだジーンズをリメイクしました。赤いバッグはまちをつけてたっぷり入るように。デニムはポシェットになるようにショルダーひもをつけました。参考作品／バッグ36×30×9cm　ポシェット24×18.5cm

私たちは普段からさまざまな布に接する機会があります。
美しい布、肌触りのいい布、素敵な柄の布…。
きれいな布はたくさんありますが、
それぱかりが布ではありません。
その対極にある布、ボロをテーマにしてみました。
使い古された、やわらかい風合いを持つボロ。
普段なら捨てられてしまいそうな布をリメイクしてみましょう。

ポシェットに使用したデニムは実際に私がはいていたジーンズです。この写真は後側。裁ち残った布を重ねてステッチしています。まるで昔の刺し子のようですね。

赤の生地はベッドマットに使われていたものだそうです。アンティークショップで見つけて、やぶれて穴が開いていた部分を切って売ろうとしていたので、切らずにそのまま譲り受けました。裏から布を当てればリバースアップリケのようになります。当てた布の周囲は刺し子のように針目を見せて縫っています。

今回のバッグを作るきっかけになったのがこのボロ布の雑巾です。いくつかの布を集めて刺し縫いしているので、何層にも布が重なっています。衣類などほかの用途で使われていた布たちが、はぎれややぶれた部分を集めて仕立てていたのでしょう。無造作に作られたためにできた、偶然の形状がとてもおもしろいです。

BORO
ボロ

ボロをテーマに作ってみようと思ったのは、前のページに出てきた2枚の雑巾があったからでした。この雑巾を見た時、「なんてかわいいのだろう!」と思ったのです。買ったものの、使わずに飾っておいたものがヒントになりました。

ボロは本来なら捨てられる運命にあるものかもしれません。しかし、やぶれたその形、朽ちて傷んだ部分、あせてしまった色、すべて自然にできたもの。作ろうとして出せるものではありません。これら自体がデザインとして考えてみたら…おもしろいと思いませんか?

今回作ったバッグとポシェットは、布のやぶれた部分をそのまま生かして使いました。無造作なデザインは作り込むほど難しくなりますので、そのままが一番です。少しあせた色合いも、しっとり優しい風合いを出してくれています。

ボロを汚いものと見るのか、アートとして見るのか。見方次第で変わってきます。もし、あなたが、世間一般からはボロとされるもの、醜いとされるものを、「美しい」と見ることができたら、それはチャンスです。誰も注目しないものの中にも宝ものはあります。捨てられる運命にあったものに、新しい命をふきこみ、生まれ変わらせる。なんて楽しい作業なのでしょう!

ボロを見ているといろいろなインスピレーションがわいてきて、ワクワクしてしまいます。

私のBOROたち

日常的に使っているものをご紹介します。やぶれたり、穴があいたら捨ててしまうものは多いと思いますが、まだまだ楽しむチャンスはあります。私たちキルターははぎれやカラフルな糸をたくさん持っていますから、身のまわりのものに使ってみてはいかがでしょう。写真ではお見せできませんが、実は穴のあいた靴下にも布を当てて繕っています。

布を大切に使うというのは、アメリカン・キルトの原点でもありますね。布が貴重だった開拓時代のアメリカでも、着古した洋服のいい部分をとってベッドスプレッドを作りました。そのベッドスプレッドがすり切れたり古くなってしまったら、今度はぬいぐるみに作り直すなどして、最後まで布を大切に使っていました。日本でもアメリカでも、そしてきっと世界でも、布を大切に賢く使う方法はあったのですね。

ペンケースに穴があいてしまったので、当て布で補強して使っています。刺し子も、もともとは布を丈夫にするために刺していたものです。重ねて縫うことで布はしっかりしてきます。またやぶれたらさらに補強するつもり。デザインがどんどん変化していくのもおもしろいですね。

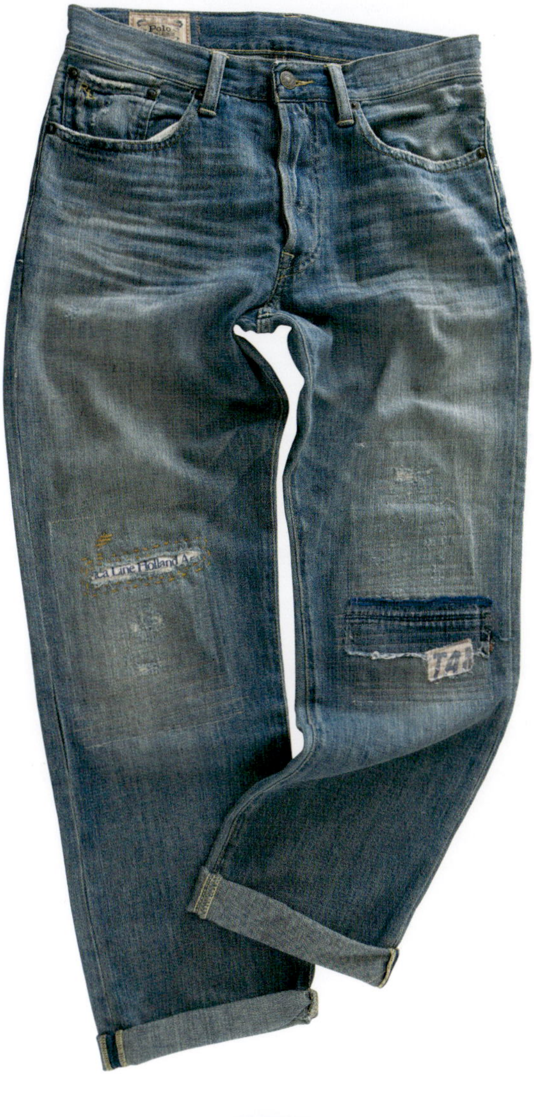

ダメージジーンズが流行していますが、肌を見せるのは少し躊躇してしまいます。はき古して穴のあいたジーンズにさり気なく当て布をしています。目立ち過ぎない布を使えば違和感なく身に着けることができます。糸は刺し子風にステッチ。補強も兼ねていますので、わりとしっかり刺しています。

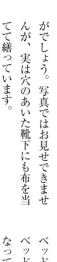

mode 3 マーガレット

白い花が好きで、中でもマーガレットはふだん使いの花といった身近な存在。派手さはないけれど、優しさにあふれている花だと思います。そして何より〝かわいらしさ〟を表現するにはぴったりなのです。花びらの枚数はいろいろですが、これまで作ってきて、かわいいと思う枚数はアップリケで8枚。ドレスデンプレートのようにたくさん花びらをつけるとゴージャスになりますが、かわいらしさと配置を考えると8枚がバランスがいいのです。8枚を基準にして、散りゆく花びらを考えて1枚、2枚と減らすこともあります。春の花ではありますが、最近では花屋さんでも一年中見かけますし、定番のモチーフとして、いつも登場させています。

クラッチバッグを開いたところ。ファスナーなどはつけず、半分に折るだけの簡単な仕立てにしました。

05

マーガレット柄のプリントを四角くつないでクラッチバッグに。グリーン系で色を統一し、袋口にはチンツ加工の布を使いました。

作り方70ページ

06

青いマーガレットがポイントのワンハンドルのバッグ。底とまちをたっぷりとって、小ぶりながら使いやすいものにしました。中袋と持ち手は青のストライプで。

← 作り方72ページ

07

大小さまざまなマーガレットが風に舞っているようなさわやかなキルト。パッチワークは規則的に、マーガレットのアップリケはランダムにして動きを出しました。制作／慶野えり子 ⬅作り方74ページ

08

マーガレットの花を一つアップリケ。花びらは、ぼろぼろになったアンティークのウエディングリングのパターンをカットして使っています。アンティークのパターンがお手元になくても、あまった布をミシンではぎ合わせ、型紙を置いてカットしてみて下さい。一枚布で作るよりおもしろい花ができます。バッグ37×34cm　アップリケ図案は巻末A面

09

フィードサックとヴィンテージのプリント、たった3種類の布をはぎ合わせただけのクッション。趣きのある布を使うと、シンプルにはぎ合わせただけでも十分楽しめます。
参考作品／クッション40×40cm　箱4.5×直径7cm　参考作品／マーガレット

10

フェルトをマーガレットの形に切り抜いたコースター。フェルトはカットした後、水でこするようにして洗いアイロンをかけました。こうるすことで、カットした断面がなめらかになり、またフェルトに厚みが出ます。ポットマットはピースワークで作りました。コースター　一部の型紙は巻末A面　参考作品／ポットマット直径18cm

11

平面にアップリケしたマーガレットと、立体的に作りアップリケしたものを組み合わせて奥行き感のあるタペストリーにしました。マーガレットは白だけと思わないで、さまざまな色や布で作ってみて下さい。

← 作り方75ページ

savon
eau de cologne
Jean Marie Farina
EXTRA-VIEILLE
ROGER & GALLET
PARIS

mode 4

button, button, button!!

ボタン！ ボタン！ ボタン！

大好きなボタンを使いました。箱のふたにつけたのは、すべてワイシャツに使われていたボタンです。いらなくなったワイシャツを捨てる際、ボタンだけとっておいて集めたものです。すべてワイシャツのボタンでも、サイズがまちまちで、色も少しずつ違うのが不ぞろいでおもしろいですね。穴も違うので、それぞれステッチを変えて縫い止めました。ボタンはすべて貝ボタンですが、最近は集めるのがなかなか難しくなってきています。貝ボタンを使用しているシャツは今では少なくなってきていて、貝ボタンが使われているのは高級なシャツだけになってしまいました。それでも天然素材の味わいのある色合いや表情のある質感が好きで、大切に集めて使っています。

12

箱はカルトナージュのように台紙に布を貼るのではなく、袋状に縫って台紙を入れ、組み立てるようにしました。小さな箱なら手軽に作れますね。かごカバーは、お手持ちのかごの寸法をはかって作ってみて下さい。ピースのはぎめをボタンで止めています。作り方76ページ

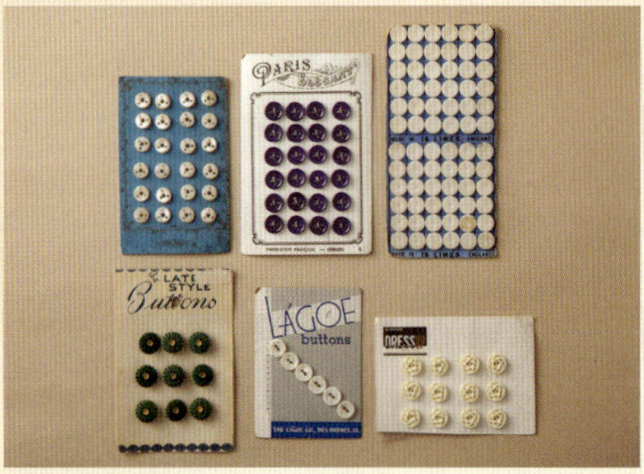

大好きなボタンたち。シートのデザインも素敵なので、シートから離せずにいます。

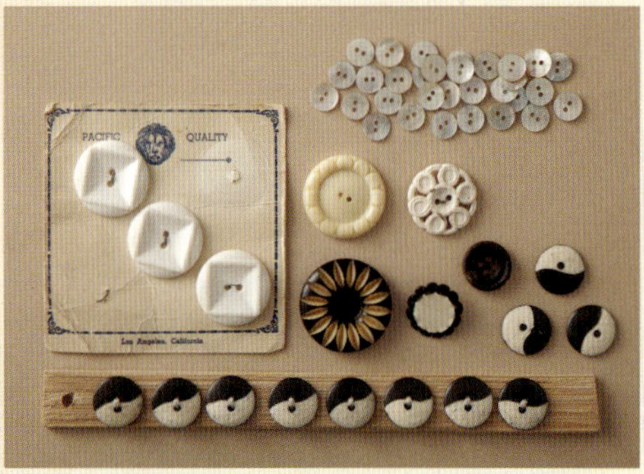

形や素材の違うボタンをモノトーンでそろえてみました。

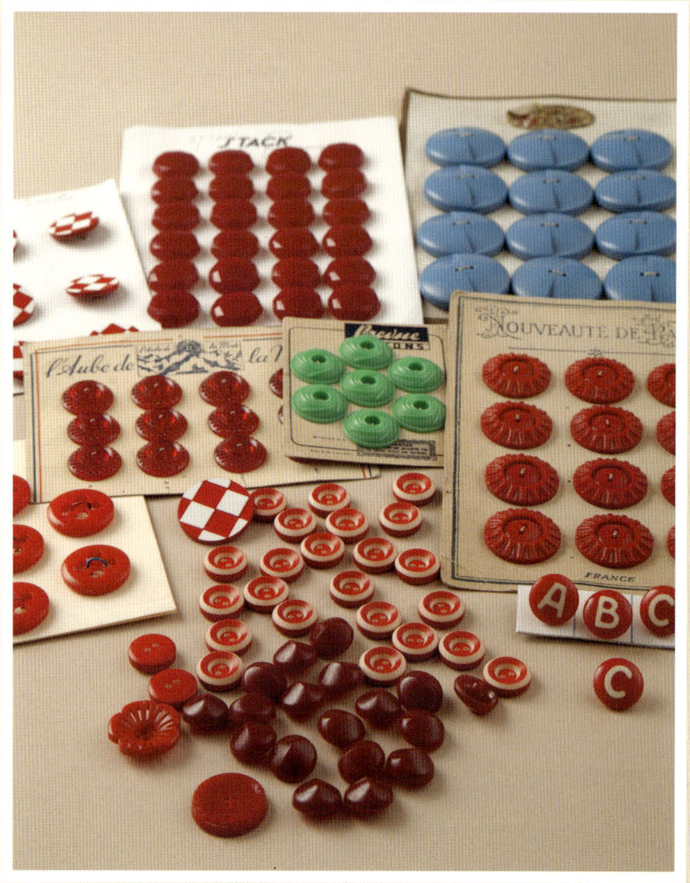

Button Collection

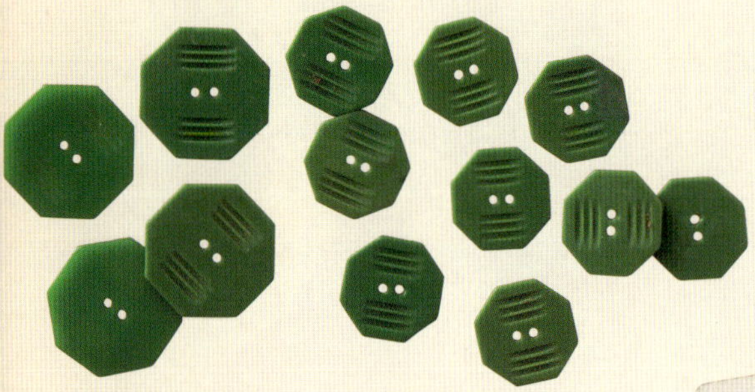

プラスチックのおもちゃのようなボタン。
色のきれいさに魅かれて。

ロンドンで見つけた、
指輪にしたらいいかなと
感じた絵付けのボタン。

パリの蚤の市で見つけたカラフルなボタンシート。
こんな風にたくさん丸が並んでいるのが楽しいですね。

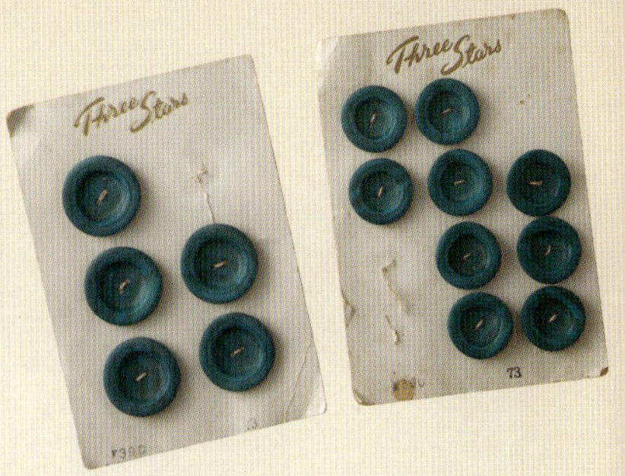

同じシリーズの大きさ違いのボタンは、
ブルーの何ともいえない色合いが好き。

アメリカ・ボストンの蚤の市で買ったアンティークの木箱。
あけたら中からたくさんの貝ボタンが出てきました。

ボタンシートも素敵です。コラージュなどに
使えそうなのでこのままとっておきます。

今回作った箱は、上の箱からインスピレーションを受け
て作りました。小ぶりのサイズで細々としたものを入れ
るのによさそうです。

バスケットのふたは四角つなぎにボタンを止めて作りました。バスケットの持ち手にかけるようにストライプのリボンをつけて
ふたがあくようになっています。

mode 5

素材を楽しむ

13

大きめにつないだ布に、直線でミシンキルトをして作りました。それだけではつまらないので、ところどころに手でステッチを入れて風合いを出しています。キルトはミシンではなくても、太糸でざくざくと刺してもいいですね。

← 作り方78ページ

布バッグの楽しみ

荷物がたくさん入り、ファスナーでしっかりしまえるボストンバッグは、革製のものが多く、そのせいで重くなってしまいます。そこで今回は好きな布でボストンバッグを作ることにしました。たくさん持っている布の中から、厚手のものを選んで丈夫に仕立てました。使ったのはインテリアファブリックや麻のクロスなど。側面に使用している布は、革のように見えますがこれも布です。パッチワーク用の素材ではなくても、遊び心を持って使ってみて下さい。

布バッグならではのいいところは、その軽さだと思います。やわらかいので折りたためるところもいいですね。このバッグは、中にはパンパンに詰め込まないで、少しくったりさせて持つイメージで作りました。布の素材感を楽しみながら使って下さい。

後側にはアクセントに自分のイニシャルをフェルトでアップリケしました。さり気なく自分の持ちものということをアピールできます。

A 使用したストライプ布たち。しっかりした風合いのシーツなどを用いました。ストライプといっても、いろいろな種類がありますので、混ぜて使うとおもしろいですね。

B 直線でミシンキルトした上に、遊び心で入れたハンドステッチは、あえてきれいに刺さないで、つぎはぎの穴を繕うように刺した昔のステッチをイメージして入れました。よりビンテージのような雰囲気が出ますね。

C 一見、革のようにも見えますが、普通の布を側面に用いました。本物の革だと重くて縫いにくいのですが、これなら使いやすいです。服飾などに使う布のようです。

D わたしがデザインした布を使って、特別にスニーカーに仕立ててもらいました。足元のおしゃれに一役買います。

E ファスナーは色違いで5色作りました。スライダーとテープの色の組み合わせにこだわりありです。

F オリジナルで作った50cmの大きなファスナーを使っています。袋口が大きく開くので、出し入れにも便利です。

B

C

A

F

E

D

mode 6 スタイル画のスケッチ

中原淳一さんが描く女性が好きで、特に「それいゆ」には、素敵なスタイル画がたくさん掲載されていました。ほっそりとしたウエストにすらりと伸びた手足、優雅なラインのドレスは当時からの憧れでした。

今回はこのスタイル画を布で表現してみました。古い洋書やスタイルブックなどを参考にしてスタイル画をスケッチし、それを元にトレースしたり拡大コピーをしたりするなどして、展開していきます。線描きの部分はアウトラインステッチで、まずチャコールグレーの糸で刺し、さらに白い糸で刺して立体感を出しています。線はすべて入れずに正確にしすぎないことでニュアンスを出しています。顔の表情が一番難しいと思いますが、刺していくうちに、素敵な表情が出てくると思いますので挑戦してみて下さい。

洋服は着せ替え人形の感覚で、好きな布を選びました。今回は一番好きな赤いドレス。皆さんもぜひ、理想のドレスを布で描いてみて下さい。

M
African American worship in the South, and it is the oldest extant African American church building in North Carolina.
Serving as the first burial site in Salem for non-Moravian members and as the first site designated for African American burials in Salem, the sacred site will tell the true stories of diversity and equality in Salem.
The site, opening to the public in 2003, includes the reconstructed 1823 Log Church, the restored 1861 Brick Church and the bur-
in the Brick Church.
Herbst House

麻の土台にスタイル画を刺しゅうとアップリケでのせました。英字は転写プリントを貼っています。バッグの持ち手ははぎれをコラージュしてテープを作りました。額は同じ図案で土台布をかえて作っています。

← 作り方／バッグ＝80ページ　参考作品／額内径41×33.5cm

14

バッグの後側にはピースワークでワンポイント。

気分はデザイナー！

スタイル画を一枚用意すれば、さまざまな楽しみ方ができます。着せ替え人形のような感覚で、同じモデルに洋服を着せていきます。まるで気分はデザイナー。おしゃれに洋服のデザインを考えてみましょう。小さなサイズですので、残った布できるのもいいですね。布が足りなくても、部分だけのせるというのもかえっておしゃれになります。

スタイル画はアレンジすることでさらにさまざまなデザインをすることができます。デザインといっても難しいことではありません。スカートをプリーツにしてもいいですし、パフスリーブや長袖など袖を変えてみるのもよし。スカートの丈を変えるだけでも雰囲気が変わります。遊び心を持って、好きな布で洋服を作ってみましょう。

アップリケができたら、英字プリントを切り取ってのせると、モード感が増します。

お気に入りの洋書のスタイルブック。さまざまなスタイル画を見て参考にしてスケッチをします。

1

まずは元になるスタイル画を描きます。ファッション誌やスタイルブックなどを参考に、紙に鉛筆でスケッチしましょう。

2

スタイル画が描けたら、布に写します。線が描けたら裏に接着芯を貼り線に沿ってステッチをかけます。

3

花柄を切り取ってドレスの模様に。服地を自分で作るようなイメージです。布はステッチで止めます。

4

ドレスに布をのせなくても、カラーチャートのように横に布をピンでとめてみるのもおすすめ。ファッションデザイナーの絵コンテのようですね。

Suzuko
Collection

15

前ページで紹介したスケッチに、デニムとレース地をアップリケしました。キルティングは少な目にして、ふっくらと仕上げました。

➡作り方／バッグ＝81ページ

16

スタイル画から発展させて、大好きな50's の世界を創りました。当時人気のあったファッションやスタイルを切り取って。布やファーなど、立体的に見えるよう素材づかいにも工夫を。制作／正村恵子
参考作品215×192cm

FARINE FLEU
500 G
Fashionable
Dressmaking

mode 7

ボーダー（縁どり）

ボーダー、つまり縁どりを主役にする提案をしたいと思います。
いつもは脇役となっているパーツにあえて注目し、主役にしてしまいました。
普段とは目線が変わることで、手作りにはさまざまな楽しみ方があるということを再発見できます。
暮らしに寄り添う普段使いのキルトは、少し肩の力を抜いてこんな楽しみ方をしてはいかがでしょうか。

17

ボーダーを主役にしたクッション3点。小さい長方形のものは切りっぱなしのはぎれにフリルを寄せて作りました。大きい方の二つは、ピースワークしたものとレースをコラージュしたもの。キルティングはシンプルに直線のみで刺しています。
← 作り方／クッション(長方形)=73ページ　参考作品／クッション(正方形)各45×45cm

Border
ボーダー

普段キルトを作る時には、中央の目につくところに気に入った配色や布をもってくることが多いと思います。作品の中央部分が主役で、ボーダーは主役を引き立てるため、または脇をしめるためにデザインすることが多いのではないでしょうか。今回は逆転の発想で、普段はあまり目線がいきにくいボーダーを主役にしました。

ボーダーを主役にするとしたら、アイテムは何がいいだろうかと考えて、最初に浮かんだのがクッションです。なぜならば、クッションはいつも中央部分は背中で押されてしまうことが多く、せっかく作っても一番いいところに一番力が当たっていたんでしまいます。ところがボーダーでしたら、摩擦も少なく、なおかつ使っていても目立つ部分でもあると思ったのです。そして実際に使っている時に、ちらりと見える部分でもあるので、使っている時のかわいらしさがあると思います。

クッションはほとんどはぎれの再利用です。ピースワークをしたものは、以前作ったキルトで余った布やはぎれを同じ幅にそろえて作ったものですし、

レースのコラージュは、邪魔にならないよう少量つけただけです。2つとも中央部分はキルティングのみで、太目の糸や刺しゅう糸を大きな針目で刺しただけ。

長方形の小さなクッションのボーダーは、さらに小さなはぎれを土台布にランダムにのせて、上からミシンで押さえテープ状にしたもの。切りっぱなしのままフリルを作っています。テープ状にしたものの残りは、ハンカチやシャツの裾につけても楽しめます。普段からシャツの袖口や擦り切れたところにはぎれをあてがい補強することをしています。あまり布の活用になりますし、暮らしの中に小さな手作りを楽しむことができるのでとても気に入っています。

このほかにも、ボーダーを主役に楽しむのなら、例えばベッドスプレッドなら好きな布をメインにしてボーダーの部分だけピースワークを入れてみたり、ホワイトキルトの外側に淡い色のピースワークを入れても上品に仕上がると思います。また、マットは中央は足で踏まれてしまうので、縁だけ手を加える、というのもいいですね。

作品として作るキルトだけではない、普段使いの生活の中にあるキルトはこのくらいのシンプルさで、楽しんで難なく作れるものがいいのではないかと思います。

mode 8 パターンの分割

パッチワークならではの楽しみ、パターンの分割に注目し、よりおもしろく、
あなただけの“モードなキルト”になるようなご提案をします。

18

Clamshell

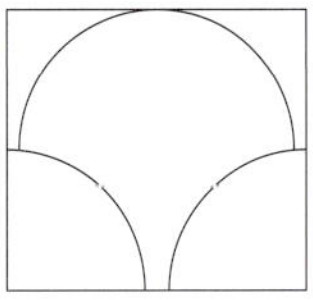

底をカーブさせた形がユニークなバッグは、持つと体になじむようなデザインです。パッチワークした前側と同じ配色のストライプを後側に使い、統一感を出しました。

← 作り方82ページ

パッチワークの楽しみは、ピースとピースをつなぎ合わせること。幾何学模様のパターンは、直線と曲線を組み合わせて何通りもの模様を描くことができます。そこに色が入りさらに柄布を加えることで、どんどんオリジナルなものになっていきます。単純なもののくり返しこそドラマチックに変化するので楽しいですね。

　クラムシェルは、貝殻がいくつもつらなって見えるワンパッチのパターンですが、パターンの中央に一本線を入れただけで少し違った見え方がしてきました。青と茶色のツートーンで配色したので、形が一層際立って見えます。布は無地のものをメインに使いましたが、少し単調になってしまいますので、ところどころに柄布の明るい色を配置しました。

　このように、オールドパターンに線を足して分割するだけでも新しい発見があります。工夫次第であなたなりの〝モード〟を作ってくださいね。

パターンに分割線を入れてみましょう

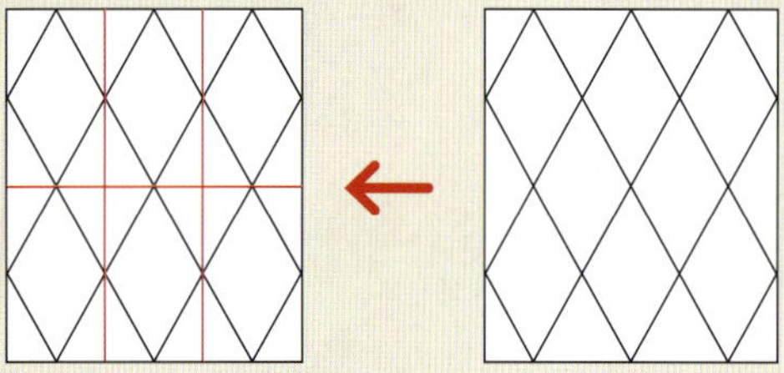

Diamonds

トランプのダイヤのようなピースワーク。でも、実はこれは、ひし形だけを並べた製図に分割線を加えたものです。ひし形の間にある4枚の三角形を集めると、ひし形になるのが分かるでしょうか。三角形で構成されるひし形を一つのピースととらえれば、ひし形だけで構成されたワンパッチのパターンとなるのです。

赤の無地をきき色にし、白と黒のモノトーンで配色をしたので、より複雑に見えてきますね。このようにパターンの分割だけでなく、配色でさらに違った見え方になるので楽しいです。製図をしたら、色鉛筆で塗り分けていろいろ考えてみましょう！

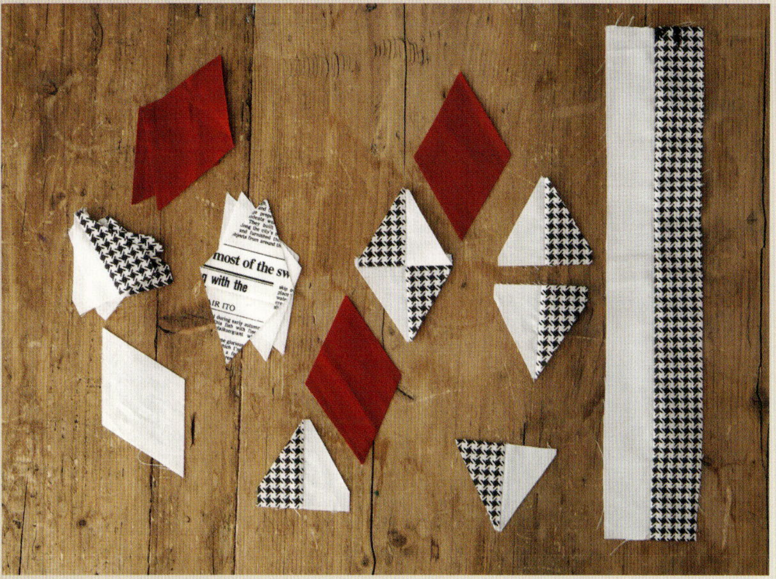

右ページのパターンの、
簡単な作り方を
ご紹介します。

三角のひし形は、まず白と黒のストリップ布をはぎ合わせておき、三角形にカットします。この時に三角形の向きを上下に変えてカットしておきます。三角形同士の配色が市松になるように配置して縫い合わせると、ひし形のでき上がり。あとは一枚布のひし形とつないでいきます。

ひし形のパターンを使ってブックカバーを作りました。日常づかいの小ものにも楽しみを持ちたいですね。

← 作り方84ページ

19

mode 9 ポーチとコインケース

ポーチのような小さなものたちは、〝バッグの中で秘かに自分だけが楽しむことができるもの〟と思っています。もちろんバッグから取り出して人にお見せするのもいいのですが、どちらかというと、自分が楽しむもの、という意味あいを強く感じます。バッグに忍ばせて時おり取り出した時に、チラっと見えるものが大好きなポーチだったらなんて楽しいでしょう。小さなものですし、計算してデザインするというより、遊び心を持って作ることをおすすめします。そんな風に思いながら作ったら、たくさんの小ものができました。

何かとたまりがちなコインを入れるのはもちろん、
キャンディやアクセサリーなど
小さなものを入れるのに便利なポーチとコインケース。
市販のもので便利なものはたくさんありますが、
自分で作れば素材や形など創造の余地が多くあり
楽しみがまた広がります。

20

ワイヤー口金入りのポーチは大きく開くので便利です。レースやモチーフなど少しずついろいろな素材で飾りました。

← 作り方78ページ

21

がま口はシンプルにキルティングしないで作りました。布柄を切り取ってブロードリーパースのアップリケをしてもいいですね。

← 作り方／がま口(右)=86ページ　参考作品／(左)

22.

コインはもちろん、ICカード入れにもなる便利なコインケース。同じ形でも素材やキルティングで印象が変わります。← 作り方／コインケース(右)=86ページ　参考作品／(左)

小さなものは布の切れ端でも作れちゃいます。ジーンズ、レース、タグなどいろいろな素材を使ってみましょう。

23

ざっくりと刺し子風のステッチが素朴な風合いを出しています。細長いので鍵を入れることもできます。参考作品／ポーチ(手前)6×14cm、(奥)=9×14cm

丸い形がかわいい、フェルトにビーズをつけたポーチもいただきもの。立体的なものが入れられますね。

革のコインケースはお手製のものをいただきました。ボタンとエッフェル塔でアクセント。ひもがついているので、バッグのナスカンにつければ防犯にもなり、海外へ行くたびに使用しています。

My Coin Cases
私のコインケース

ふだん愛用しているコインケースたち。
市販のものもあれば、手作りをいただいたものもあります。
いろいろある中から使い勝手もよく
気に入っているものをご紹介します。

口がぱかぱか開くポーチも開閉が楽で使いやすいです。これは以前に制作したもの。細々としたものを分類するのにも役立ちます。

市販のポーチいろいろ。使い勝手がよく、どれも長い間使用しています。市販のものの形を参考にして自分で作ってもいいですね。

こちらはいただきもののがま口。赤い口金の玉と、赤いばらのプリントでコーディネートしています。

mode 10 エプロンスカート

布が好きでたくさん持っています。キルトにするだけでなく、
着るものやファッションにも取り入れるのもいいですよね。
実用性とファッション性を兼ね備えた
エプロンスカートを作りました。使い方は4通りもあります。

このエプロンスカートは、4通りの楽しみ方があります。一つめは左ページの写真のように着ます。二つめは、前側と後側を逆にして。三つめ、四つめは、スカートのようにはかず、前後を重ねてエプロンのように腰に巻きつける使い方です。赤の無地と、赤とベージュのストライプの2色づかいで作りましたが、上の写真のようにプリント布同士で作ってもいいですね。ひももアクセントになりますので、組み合わせを考えて作りましょう。

エプロンにもスカートにもなる便利なエプロンスカートは、前側、後側の2枚を両脇だけ縫い合わせ、横長の筒状のような形になっています。ウエストはひもで調整できるので着やすくなっています。折り返して見える布の組み合わせを楽しんで作って下さい。

← 作り方87ページ

24

エプロンは前掛けタイプのものが一般的ですが、後ろはカバーされませんし、あくまで家の中だけでつけるものです。そこでスカートとしても使えて、ちょっとしたお買いものなど外出にも着て行けるようなエプロンスカートをデザインしてみました。重ね着をイメージしてデザインしましたのでひざ下くらいの丈にしましたが、お好みで調整してもいいですね。もう少し長めにすれば、重ね着せずにスカートとしてだけでも使えます。

筒状の布に足を通してひもでウエストを調整できるようにしていますが、ひもの結び方でも印象が変わります。前ページの写真では正面で結んでいますが、脇で結んだり、長めのひもなので2回巻いてもいいです。フリーサイズで作っていますが、ウエストに合わせてホックをつけるとさらに着やすくなると思います。自分のために作るのなら、ひもでなくてベルトをしめて腰ではく、なんていうのもおしゃれです。

折り返して見える布の組み合わせが楽しくて、いろいろなデザイン画を描いてみました。パッチワークをしたデニムと、ストライプの組み合わせも好きですし、冬はウールやジャージー素材を使えば暖かくて快適です。

素材と丈でさまざまな工夫ができそうです。ぜひ、あなたに似合うエプロンスカートを作ってみて下さい。

Apron & Skirt

25

エプロンスカートをアレンジして、重ね着しなくてもいいスカートにしました。こちらは巻きスカートのようにして、横でとめたボタンがアクセントに。

← 作り方88ページ

mode 11 パリ

Bonjour ! ca va?
Bonjour ! ca va?
Bonjour ! ca va?
Bonjour ! ca va?
BONJOUR
BED ROOM

27

テーマはずばり「パリ」です。
大好きな街で、憧れの街でもあります。
私が持つパリのイメージは、大人の女性の街。
なので今回は少し落ち着いた配色の作品を提案しました。
しかしシックになりすぎないよう、
柄の組み合わせで遊んでいます。
ちょっとした遊び心も、
ウイットに富んだパリらしい感覚だと思います。

Bonjour ! ca va?

ファスナーの配色もアクセントにしました。バッグのファスナーはインパクトのある赤で。配色の一つとしてデザインしたので閉じていたらファスナーに見えないみたいですね。ミニバッグは本体とそろえた配色にしています。中袋ははっとするような色にして、開けた時の楽しみにしています。

27

茶色と水色のシックな無地布の配色に、ボンジュールの文字をピースワークしたバッグは、ショルダーと手持ちと二通りの持ち方ができる便利な形。無地布だけだとパッチワークらしさがないので、文字の部分には黒の千鳥格子やドットなどの柄布を使いました。ミニバッグにもつけたダイヤの指輪はアップリケと刺しゅうで。文字の部分のピースワークが少し大変なので、キルティングはシンプルに刺しています。

← 作り方90・92ページ

26

撮影場所／Prome
prome
Garden Shop and Cafe

onjour ! ca va?

ミュズレ(シャンパンのコルクの上にのっている王冠)を
たくさん並べたディスプレイ。コレクションしている人も
いるそうです。さすがワインの国ですね。

蚤の市で見つけた時は
「とても素敵！」と思って買った人形。
日本に持ち帰って見てみたら、
「なんでこんなものを買ったのかしら…」
という気分に。
旅先での高揚感には
注意をしなくてはと思いました。

古いリボンは色合いに魅かれて。
どこか日本っぽい配色にも思えませんか？

Bonjour! Paris!

パリで見つけてきたものと、旅のスナップ。

パッサージュのアーケード。
ウインドーだけでなく、
天井も美しいのです。

空港のトイレにはユニークなペイントが。
ファッションの都ですもの！

フランスといえば、プロヴァンスプリント。
エキゾチックな模様と、印象的な赤に魅かれて。
大胆な大柄は何に使いましょうか。

シンブルがたくさん売られていました。
ユニークなものがたくさん。

蚤の市で買ったかわいい缶。
中にはランプの芯が。
実用的なものを入れる缶が
こんなにかわいいなんて！

パッサージュで見掛けた
素敵なディスプレイたち。
小もの選びや
インテリアの参考にも
なりますね。

レストランにエッフェル塔のディスプレイを発見。
パリではいたるところで見掛けますね。

パリと私

パリの色は鮮やかです。「そんなことはない」という人もいるのですが、裏道に入ったところにあるお店のドアの色がとてもきれいなペパーミントブルーだったり、はっとするような赤だったり。女性たちも派手ではないけれど、とてもおしゃれで、街には素敵な色やデザインがたくさん散りばめられています。

パリで一番好きなのは、パッサージュ（屋根のあるアーケード式の商店街）。小さなお店がたくさん並び、ショーウインドーには趣向を凝らしたディスプレイが並びます。そのセンスの良さは眺めているだけでも楽しいです。たくさん書かれている文字も、意味はわからなくても美しいと感じます。以前行った時は、あいにくお休みの日だったので買いものはできなかったのですが、歩いているだけでも十分楽しめました。

もう一つ大好きなのは、マルシェ（市場）です。アンティークのものがいろいろと売られている蚤の市もおもしろいですが、もっと庶民的な、ふだん使いに人々が行くマルシェはパリの暮らしが身近に感じられてとてもおもしろいです。果物屋さんで買ったイチヂクの新鮮さにはっとさせられたり、八百屋さんの隣にいきなりレース屋さんが出てきたり、散歩をしながら宝探しをしているように楽しめます。

街歩きをしながら自分のお気に入りや絵になる景色を見つける。パリには何度行っても人々を魅了する何かがあります。

mode 12

VOYAGE（旅）

旅。非日常であり、未知なる文化の発見であり、
人々との出合いもある旅。
目に映るもの、触れるものすべてが新鮮な
気持ちにさせてくれます。
旅の間は身軽に動けることも大切。
旅のお供になるバッグを作りました。

28

パスポートやお財布など、大切なものは大きなバッグにそのまま入れるのは怖いので、バッグインバッグとして小ぶりのものを用意します。このままも持てますし、なかなか使い勝手のいい形です。既成のバッグの形を参考にして、パリで買ったアンティークの布を使用して作りました。

← 作り方92ページ

外側のポケットに使用した花柄の布はパリで行ったヴァンヴの蚤の市で求めたものです。ストリング状にカットしたほかの布と組み合わせています。内側ははぎ合わせはせず、大きめの柄を使用しました。

このバッグはポケットが2つついているような形が特徴で、それぞれファスナーで開け閉めできるようになっています。外側にはペンやメモ帳などすぐに取り出して使いたいものを。内側には小銭入れやパスポートなど大切なものを入れるなど使い分けて使って下さい。作り方はいたってシンプルです。ファスナーをつけた内側布と外側布を縫い合わせ、中心の折り山を縫って仕切りにしています。

持ち手は取り外しできるようにして、たすきがけにしたり、短めのものをつけてハンドバッグのように持ったりもできます。持ち手をはずしてしまえばクラッチバッグにも。旅先ではいろいろなシチュエーションがありますので、その時々で使い分けて下さい。

VOYAGE 旅のおはなし

Belgium ベルギー

アンティークのベルギーレースの美しさには脱帽します！

レースセンターで出合ったおばあちゃんたち。目にも止まらぬ早さで手を動かしています。

ブリュッセルはアールヌーボー建築の宝庫。街中のいたるところに素敵な建物が見られます。

ブリュッセルの中心地にある大広場、グランプラスは世界で最も美しいといわれる広場の一つ。

衣装とレース博物館は古い建物をモダンに改装。フロアごとに趣向を凝らしています。

手仕事をめぐるヨーロッパの旅に出掛けてきました。ベルギーはブリュッセルとブルージュに、フランスはパリを中心に。行く先々で新しい発見や感動がありましたが、今回は手仕事を通しての人との出合い、そしてものづくりの原点に触れるような気持ちになれました。

ブルージュで訪ねたレースセンターでは、デモンストレーションをしてくれた地元のおばあちゃんと話す機会がありました。7歳からレースを習い始め、半世紀以上ずっと続けてきたのでしょう。淡々と手を動かすその姿に、何十年も続けてきた年月を感じました。作ることを純粋に楽しんでいて、自然に手が動くのはもう体が覚えているから。手仕事はいくつになっても、いつまでもできるものなのだと、ものづくりの原点を見た気がしました。私もあんな風に手仕事を続けていきたい。自分が楽しめるキルトを作っていきたい。この先の自分が見えたようでした。

パリでは中山久美子ジェラルツさんにお世話になりました。アトリエで拝見したブティはもちろん素晴らしかったのですが、ランチをふるまってくれたフランス流おもてなしにも感激しました。お野菜中心のメニューを考えてくださり、ご一緒したみなさんも「今回の旅の中で一番おいしいお食事」と言うほど。装飾博物館も快くご案内してくれるなど、心の広さ、人間性の深さを感じました。

最後に行けたトワルドジュイ博物館では、あらためて木版プリントの良さを再認識。細かいところまで表現できる繊細なプリントや色のきれいさ奥深さ。昔のものにはかなわないなと思うのです。ベルギーのレースもそうですが、こつこつと手でする作業は人に感動を与えます。現代を生きる私たちは、手で作ることの価値観を大切に今の時代に合わせて作り続けていきたいと思います。

作り続けることの自分自身の軸が再発見できたような今回の旅。思いもよらない出合いがあるのが旅の醍醐味ですね。これからもいろいろなところへ出掛けて行きたいと思います。

ブリュッセル、ブルージュともに街中にはかわいらしいレース屋さんがたくさんありました。

France
フランス

中山久美子ジェラルツさんの案内でヴァンヴの蚤の市で。古いテキスタイルの原画を販売していたおじさんと。

ヴェルサイユ宮殿で目についたのは、マリーアントワネットの寝室のテキスタイルのかわいらしさ。

夜の凱旋門はライトアップされて、これもまた素敵です。

エッフェル塔にご挨拶。

今回の作品に使用した布を買いました。

中山久美子ジェラルツさんのフランス流おもてなしに大感激。日本ではあまり食べない種類の野菜や、手作りのキッシュやタルトなども！

パッサージュで見掛けたパリっぽい雑貨たち。

刺しゅう糸とタッセルを使ったメルスリー（手芸店）のディスプレー。

トワルドジュイ博物館には、過去の貴重な布や木版が。パリから車で1時間ほどのかわいらしい街にありました。

ヴァンヴの蚤の市にはかわいいものがいっぱい！

パリの装飾博物館にて。ずらりと並べられた椅子が圧巻。

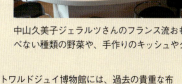

29

トワルド・ジュイ風の布を使って巾着のミニバッグを作りました。持ち手は短めに、帰着ひもは長めにとりましたので、用途によって使い分けることができます。

← 作り方94ページ

30

トワルド・ジュイ風のプリントの柄に合わせて刺しゅうをしました。色が足されるのと、布に立体感が出るのがいいですね。少しだけ布も入れて遊び心を。仕立ては、紙袋のようにまちをたたんで底でとじています。

← 作り方95ページ

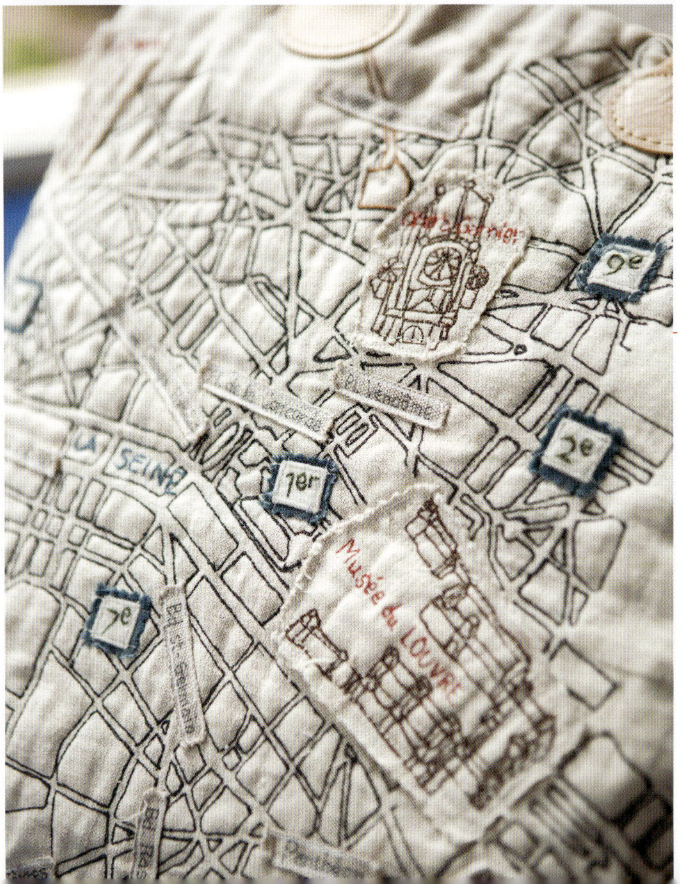

31

パリの地図をミシンで刺しゅうしました。ところどころ、主要な建物は独立した布で重ね強調しています。色もトリコロールでそろえて。

41×39×7.5cm　刺しゅうの図案は巻末B面

作品の作り方

How To Make

●図の中の寸法の単位はすべてcmです。

●作り方図や型紙には縫い代が含まれていません。
裁ち切り(縫い代込み、または必要なし)の指定がない場合、
すべてピースワークは周囲に縫い代0.7cm、
アップリケは0.3cmをつけて布を裁ちます。

●作品のでき上がり寸法は製図上のサイズで表示しています。
縫い方やキルティングによって寸法が変わる場合があります。

●キルティング後はでき上がりサイズよりも多くの場合、
多少の縮みがあります。
キルティングが終わったら再度寸法を確認して
次の作業にかかるとよいでしょう。

●バッグの仕立てや一部のキルティングにはミシンを使っていますが、
手縫いで作ることもできます。

作品06ページ

01

ポーチ

材料

パッチワーク・アップリケ用布…レース・リボン・フェルトなどを含むスクラップ布を使用、上まち…チンツ無地(下まち・タブ・裏布を含む)70×40㎝、当て布・接着キルト綿各50×40㎝、縫い代始末用バイアス布3×130㎝、30㎝丈両開きファスナー1本、Dカン1個、直径1.9㎝ボタン1個、25番刺しゅう糸各適宜

作り方

❶パッチワーク、アップリケをして前・後側を作る。

❷①と接着キルト綿、当て布を重ねてミシンキルトをし、リボンを縫い止める。

❸上まち、下まちをそれぞれ作り、タブを仮止めしてから縫い合わせる。

❹裏布を用意し、前側と外表に合わせ、上・下まちと中表に縫う。後側も同様に縫い合わせる。

❺縫い代始末用バイアス布で縫い代をくるんで始末する。

★実物大型紙は巻末A面

ポーチ配置図

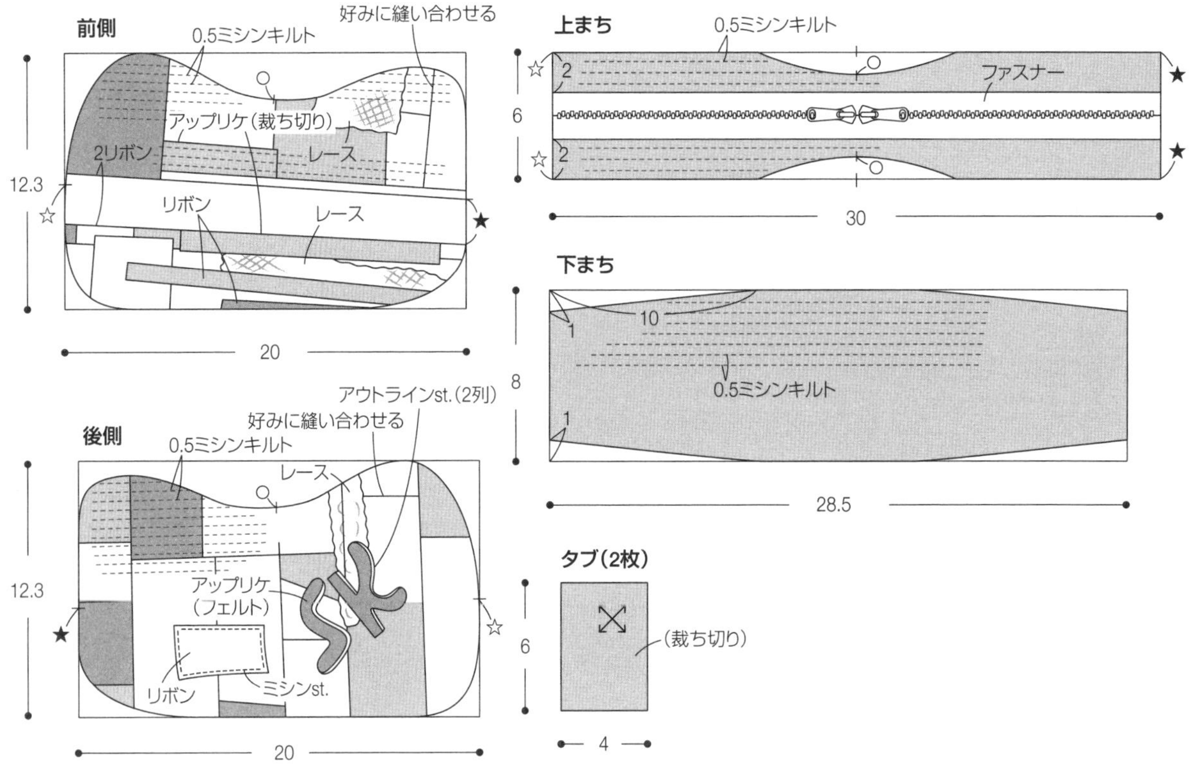

<上まち>

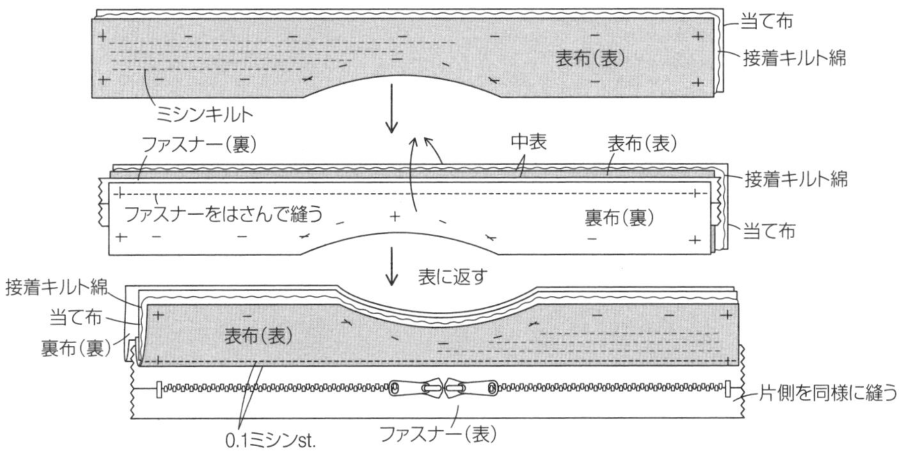

<前側>

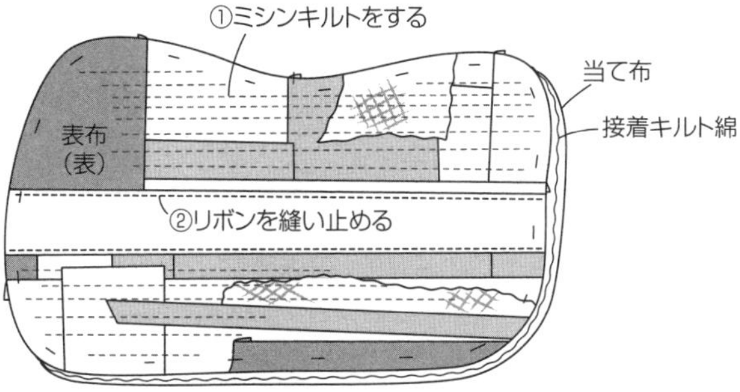

※後側を同様に作る

<まとめ方>

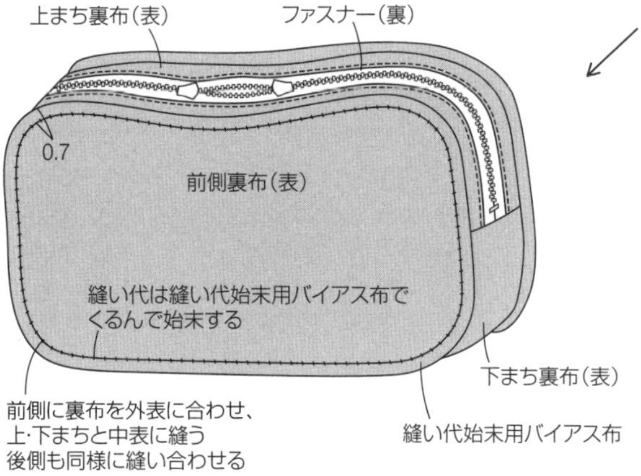

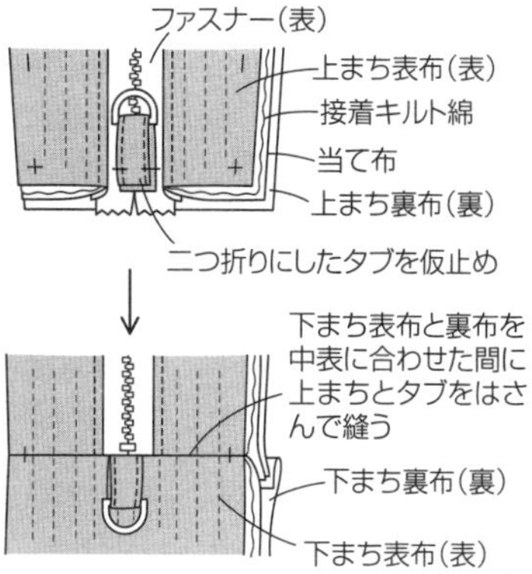

<上・下まち>

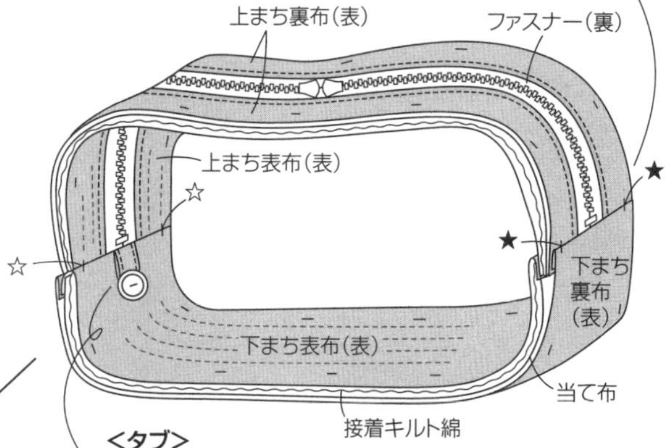

<タブ>

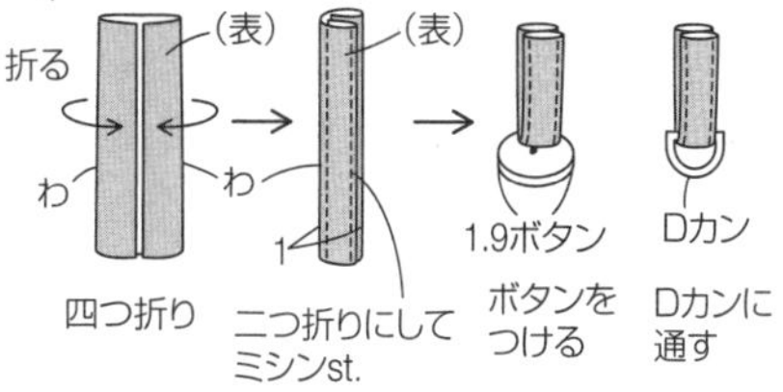

※2枚作る

でき上がり図

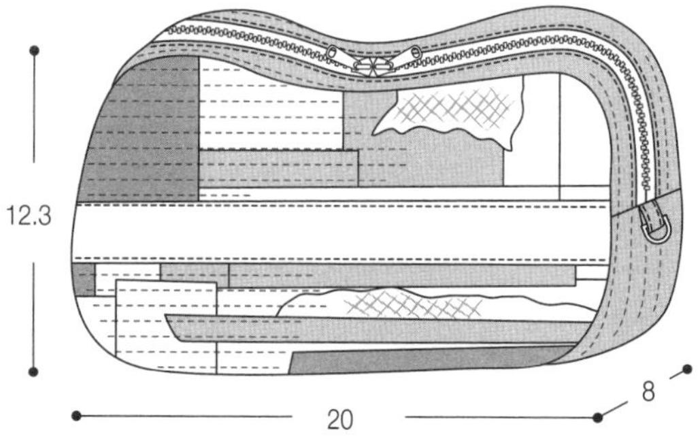

作品10ページ

02

バッグ

材料

土台布…厚手ドット柄・ストライプ地各35×40cm、中袋(内ポケットを含む)…ストライプ地90×35cm、アップリケ用布…スクラップ布を使用、キルト綿40×70cm、持ち手…黒ビニール素材5×20cm、幅0.8cmプリントテープ40cm

作り方

❶本体土台布とキルト綿を重ね、アップリケ布を配置してミシンキルトをして前・後側を作る。

❷前・後側を中表に合わせ、両脇・底を縫う。

❸中袋、持ち手を作る。

❹本体と中袋を中表に合わせ、持ち手をはさんで袋口を縫う。

❺表に返して返し口を閉じ、袋口にミシンステッチをかける。

バッグ配置図

前側

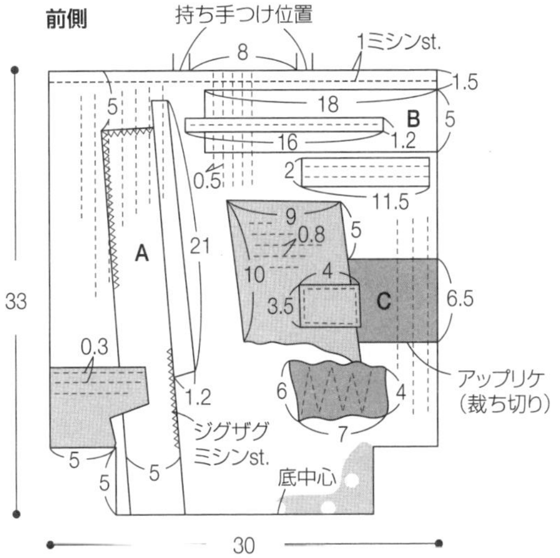

後側

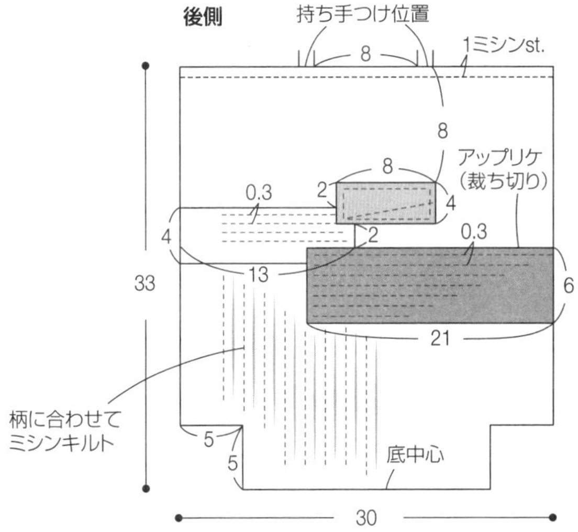

中袋(2枚)

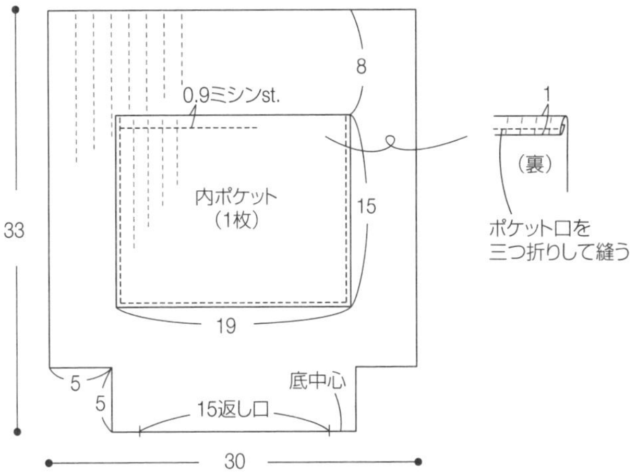

持ち手(裁ち切り　2枚)

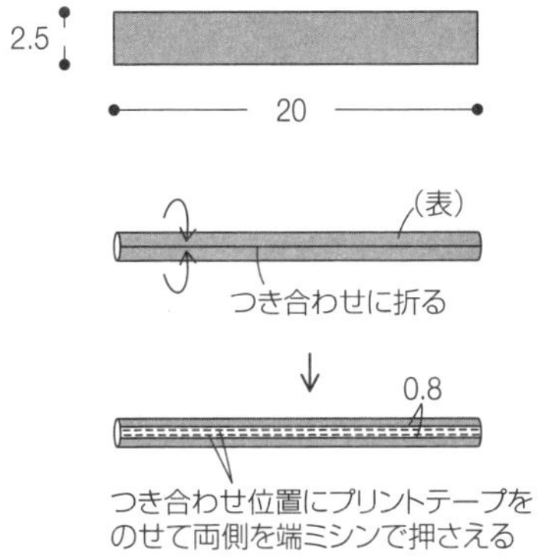

<前側>

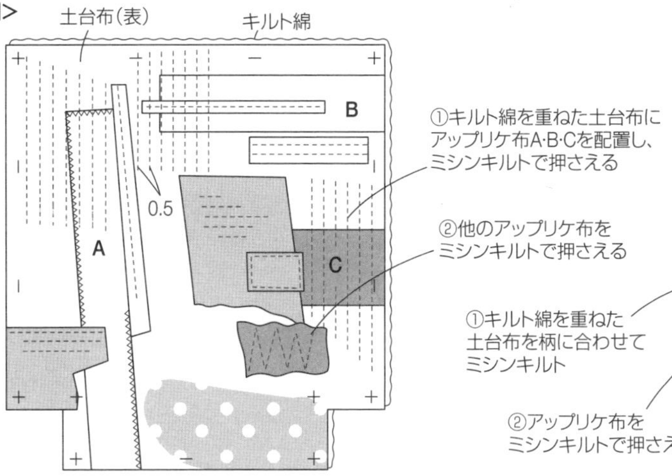

<後側>

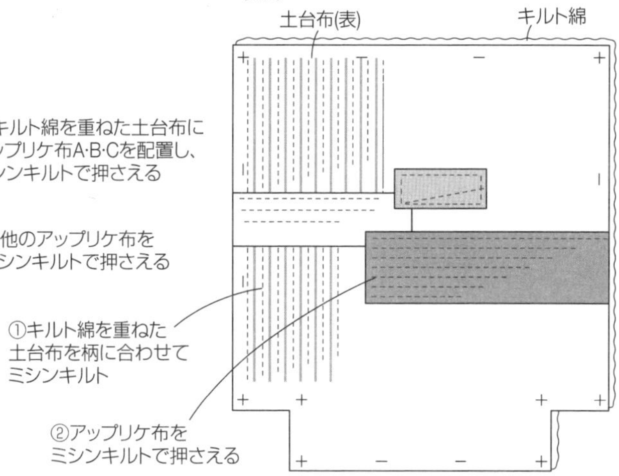

<本体>

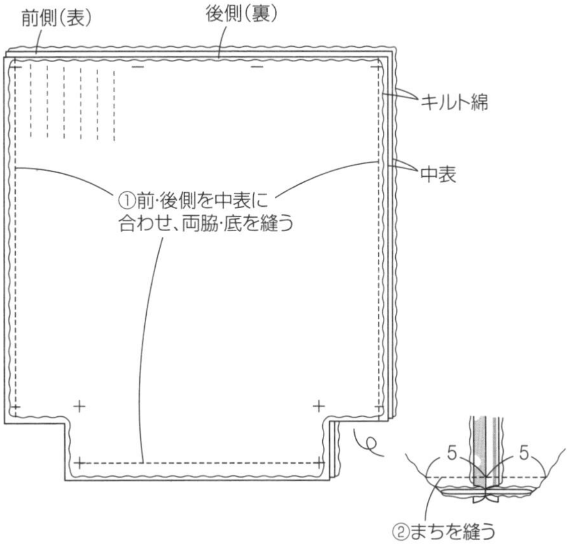

<中袋>

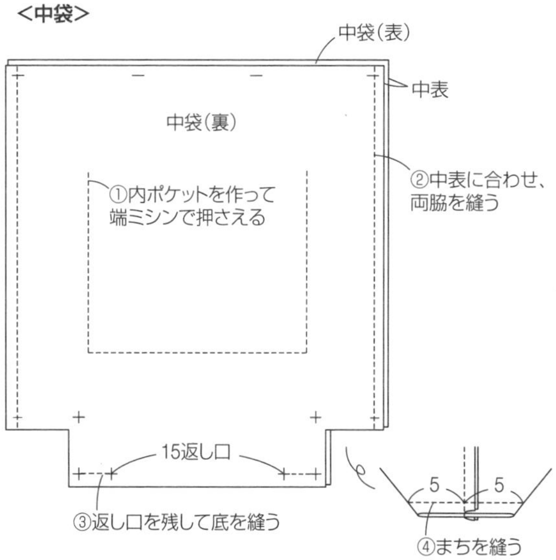

<まとめ方>

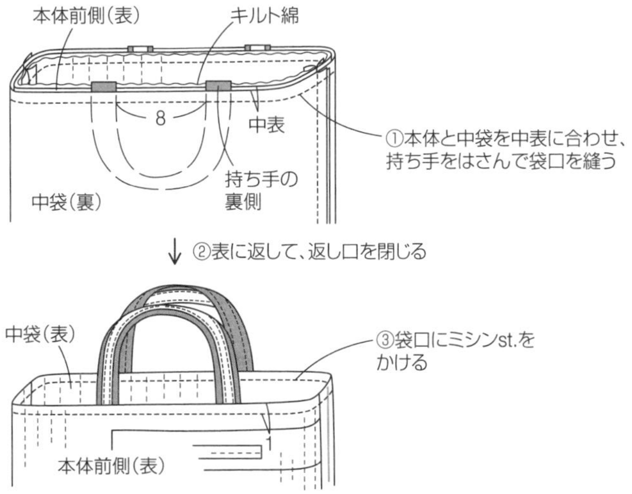

でき上がり図

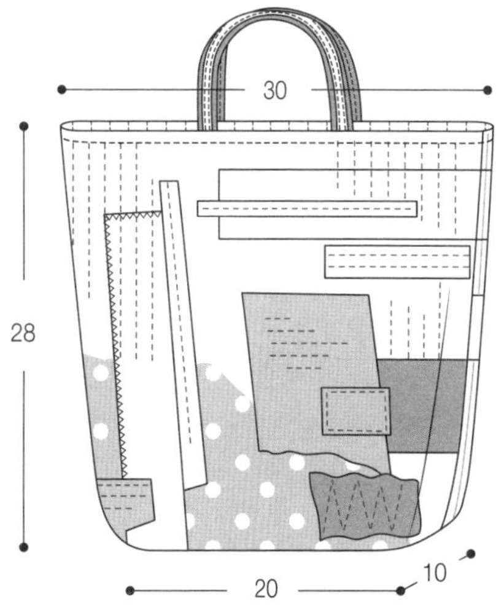

作品16ページ 05

クラッチバッグ

材料
パッチワーク用布…プリントスクラップ布を使用、当て布・薄地キルト綿各70×40㎝、中袋70×35㎝、パイピング(コード入り)…芯用丸コード直径0.3×70㎝・(バイアス)2.5×70㎝、両面接着芯適宜
作り方　図を参照

作品11ページ 03

バッグ

材料
土台布…麻35×35㎝、アップリケ用布…プリントのスクラップ布を使用、後側…35×35㎝、当て布・キルト綿各60×35㎝、中袋60×35㎝、直径0.2㎝革コード500㎝
作り方　図を参照
※アップリケは好みの大きさにすべて裁ち切り、土台布に重ねながらジグザグミシン、フリーモーションなどで縫い止める。

No.03 バッグ配置図

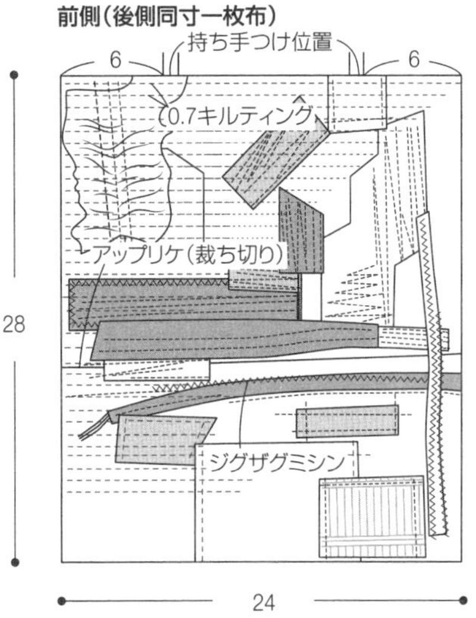

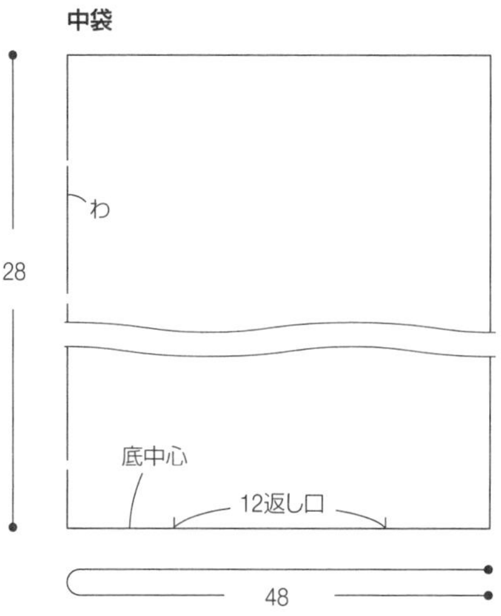

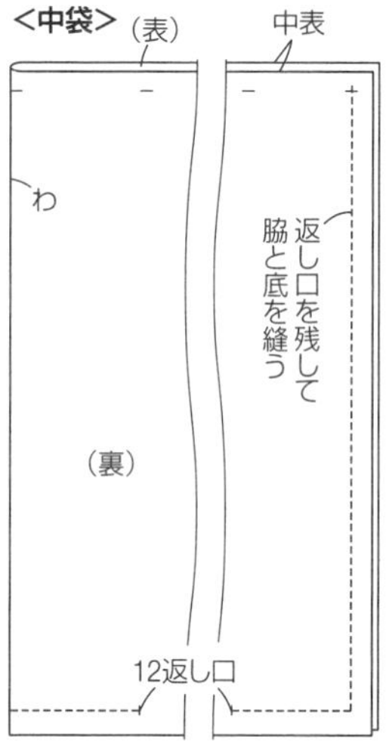

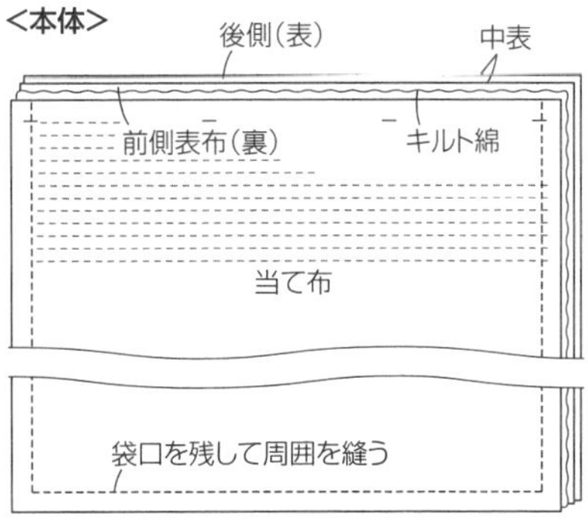

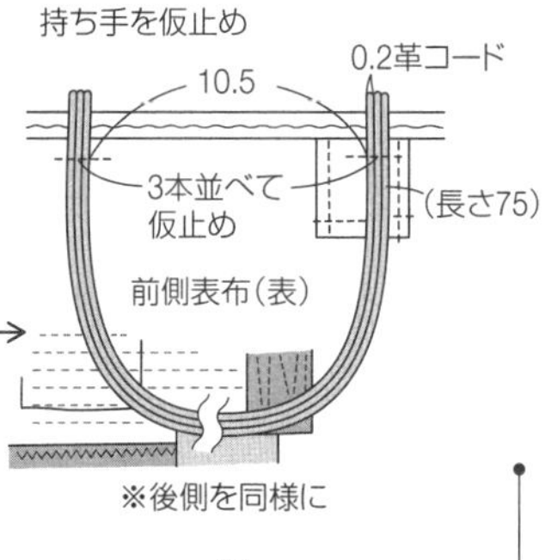

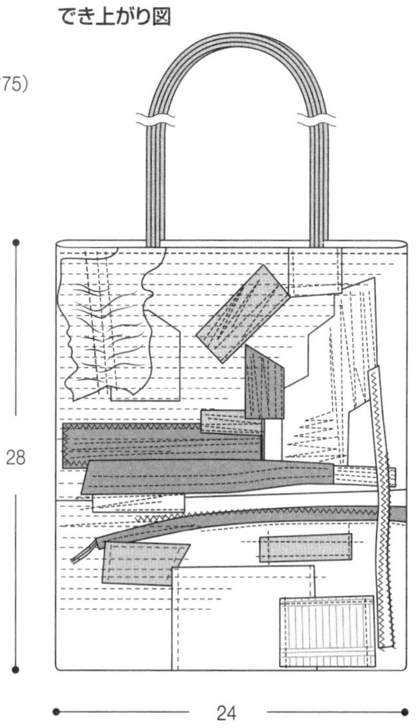

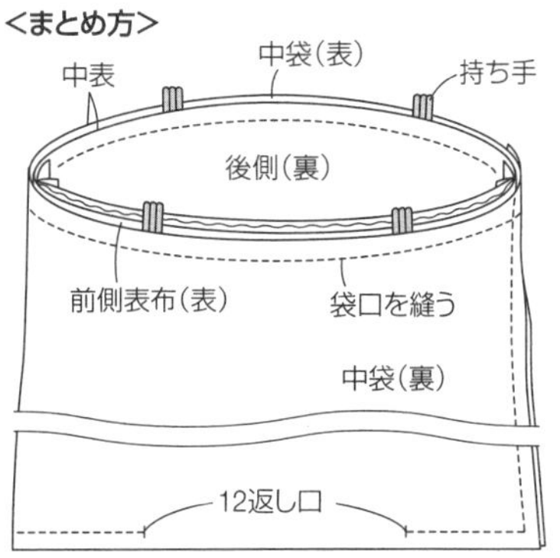

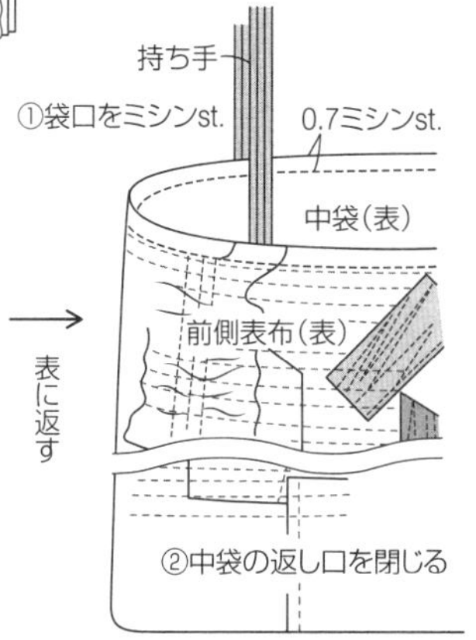

No.05 クラッチバッグ配置図

本体

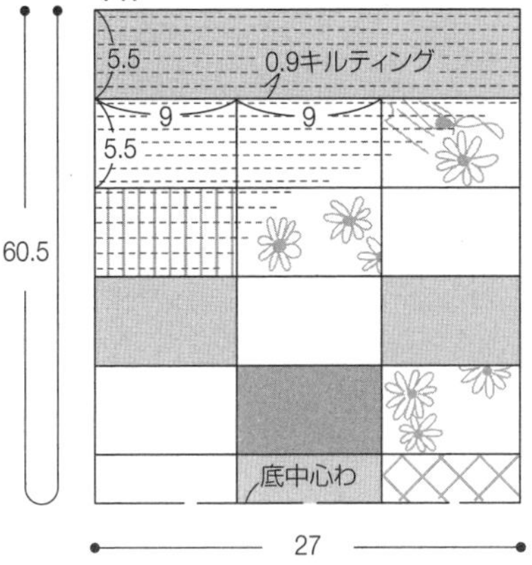

中袋(2枚)

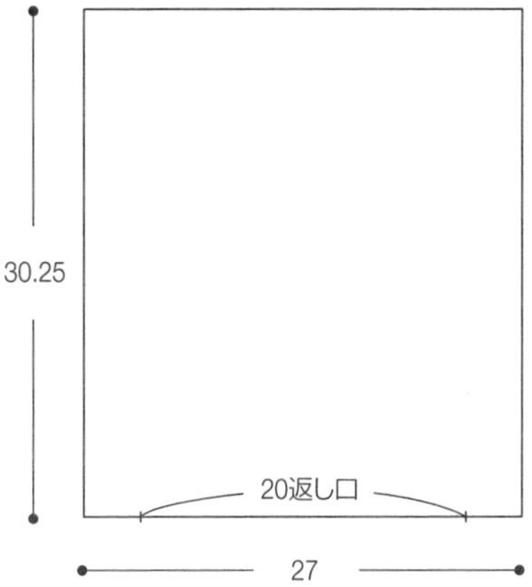

<中袋>

<本体>

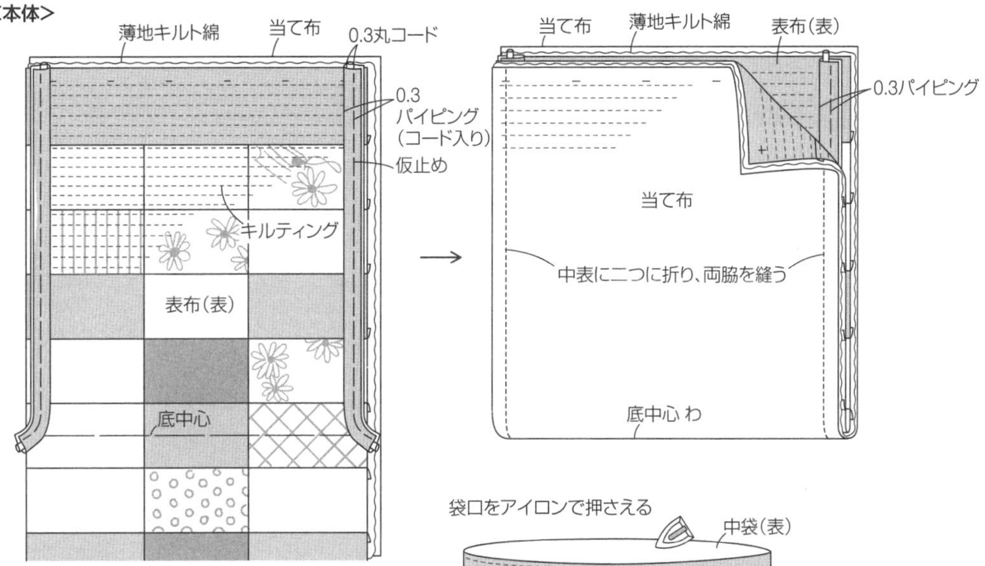

<まとめ方>

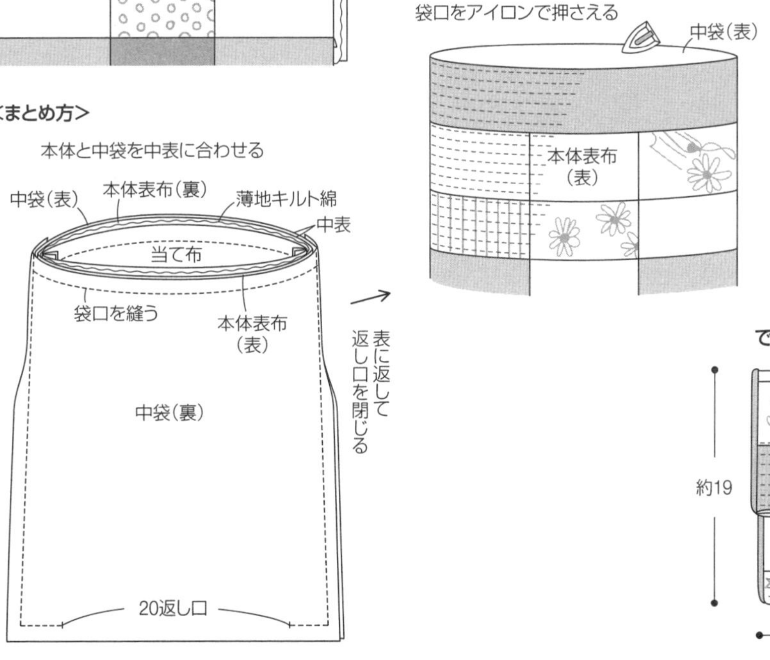

でき上がり図

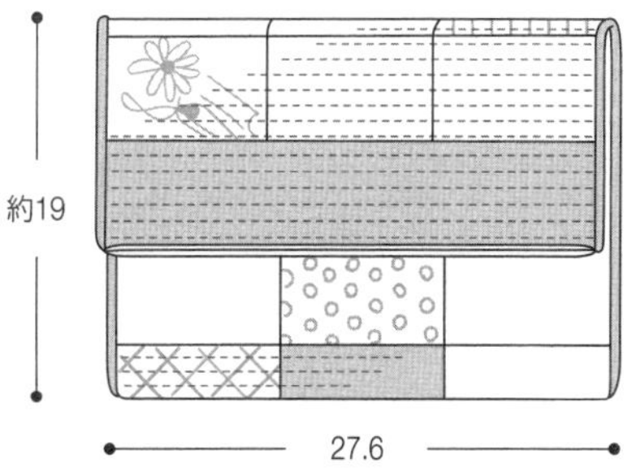

バッグ

材料

表布…綿麻プリント地55×30㎝、中袋・持ち手…白×青ストライプ地60×45㎝、花のモチーフ用布…青無地30×20㎝、接着芯70×35㎝、オフホワイト厚手フェルト3×3㎝、花型レースモチーフ1枚、木綿刺しゅう糸青・黄緑各適宜

作り方　図を参照

★実物大型紙は巻末A面

バッグ配置図

本体(中袋同寸)

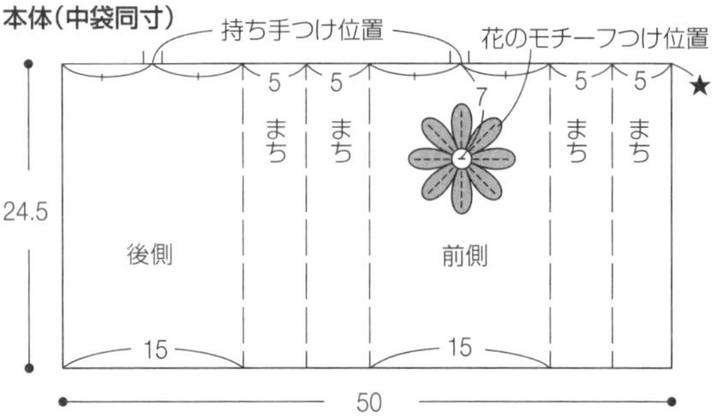

<本体>

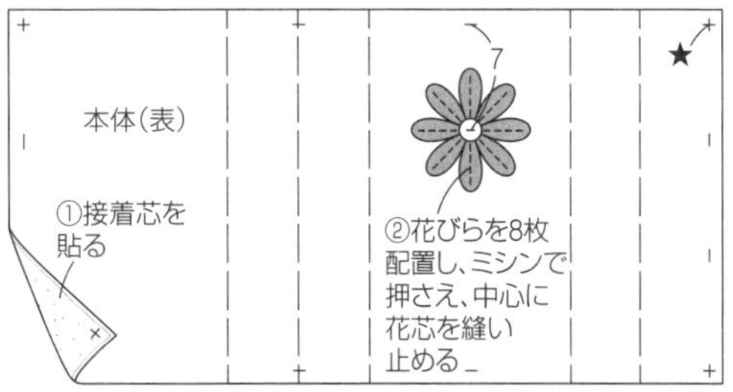

持ち手(裁ち切り1枚)

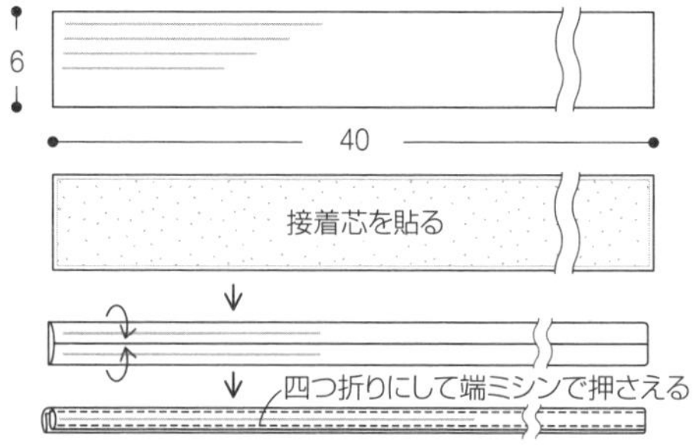

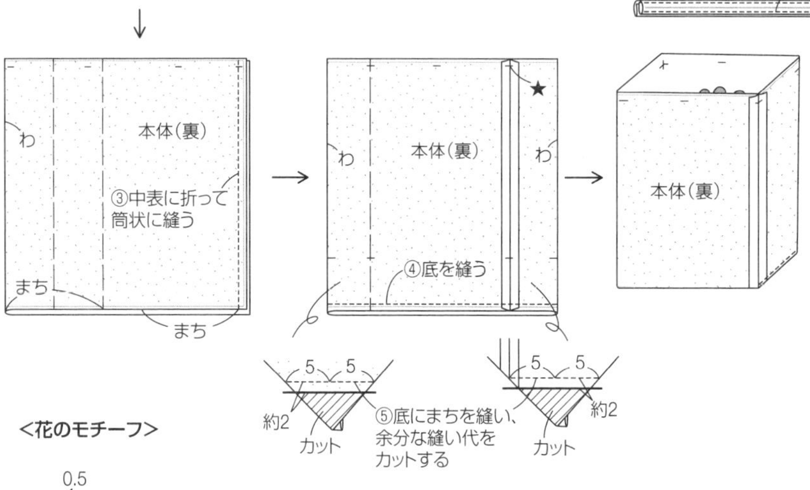

<中袋>

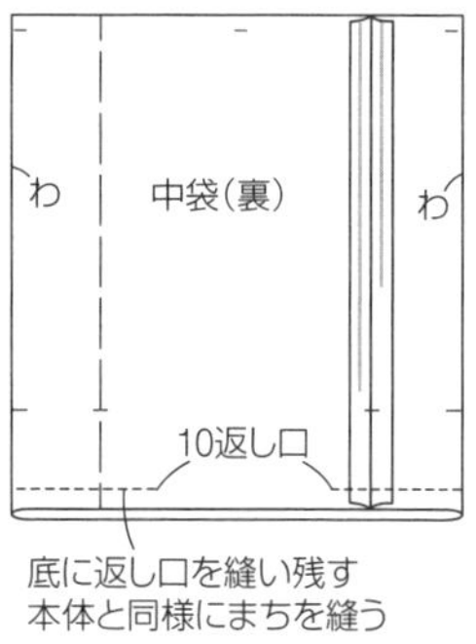

<花のモチーフ>

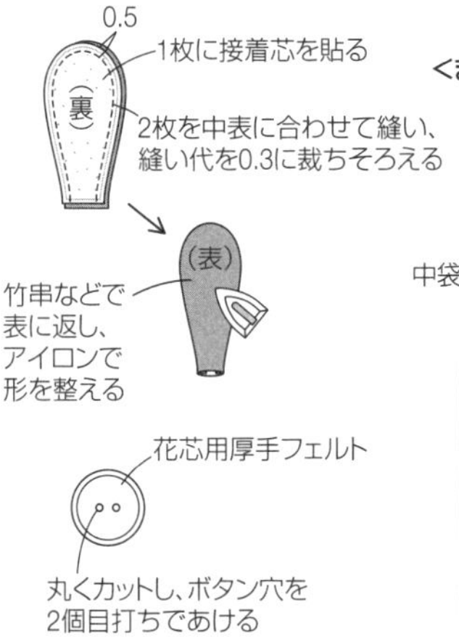

<まとめ方>

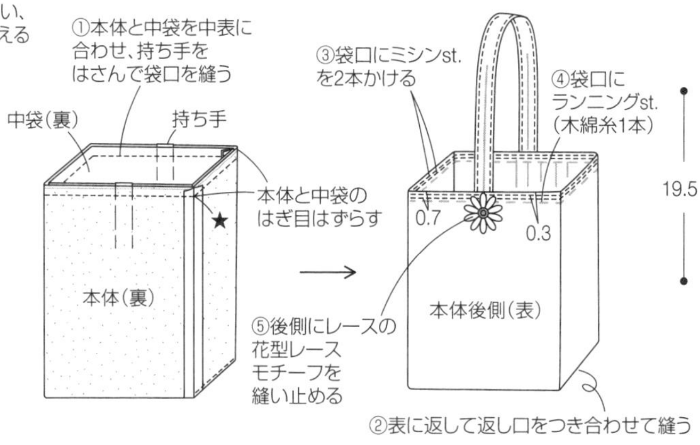

でき上がり図

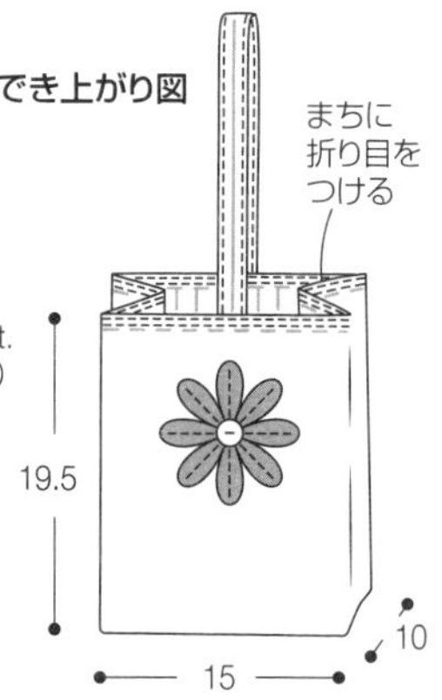

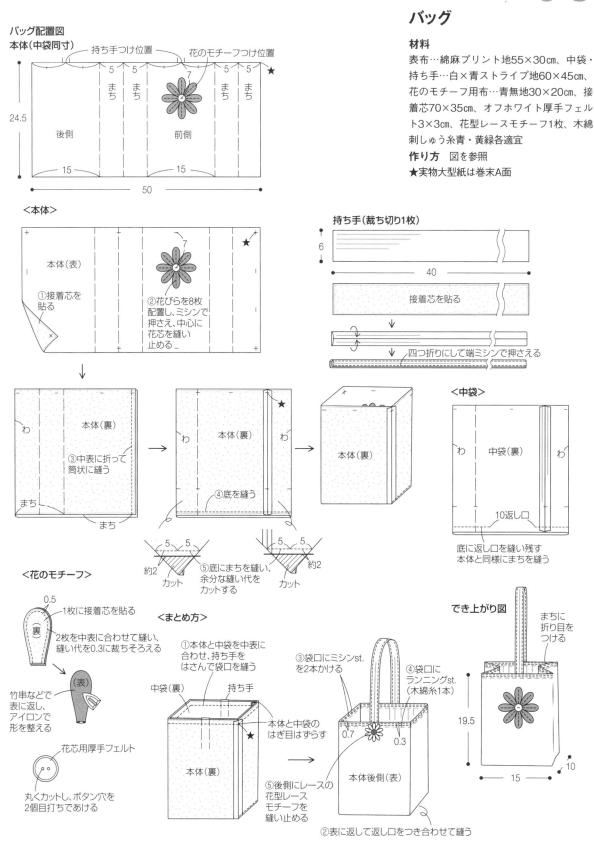

作品38ページ

17

クッション

材料

前側…プリント(後側を含む)80×50㎝、フリル土台…無地5×170㎝、アップリケ用布…スクラップ布を使用、当て布・キルト綿各40×30㎝、パンヤ入り中袋

作り方

❶前側表布とキルト綿と当て布を重ねてミシンキルト。

❷裁ち切りのフリル土台に裁ち切りのアップリケ布を好みに縫い止め、フリルを作る。

❸前側にギャザーを寄せたフリルを仮止めし、後側と中表に合わせて周囲を縫う。

❹③を表に返し、パンヤ入り中袋を入れる。

クッション配置図

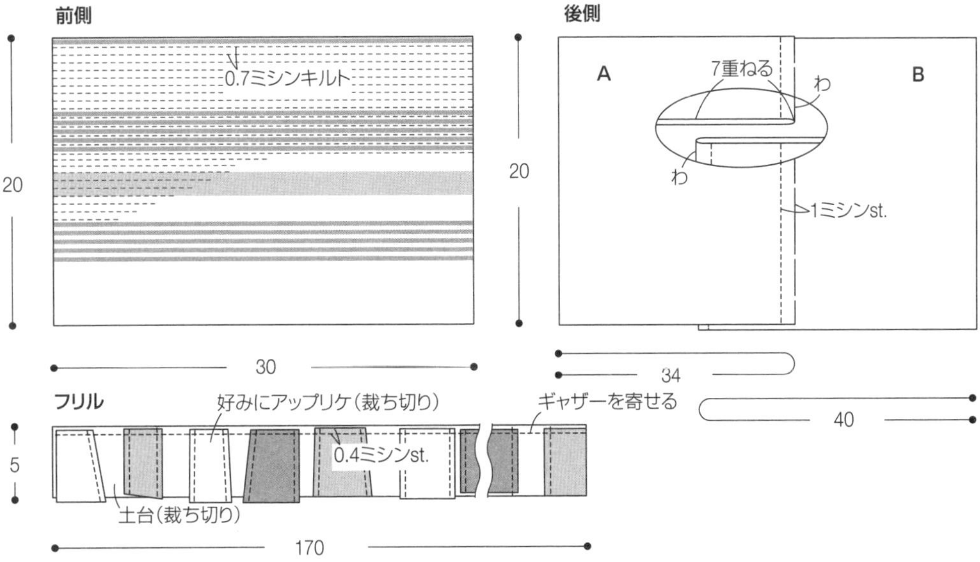

でき上がり図

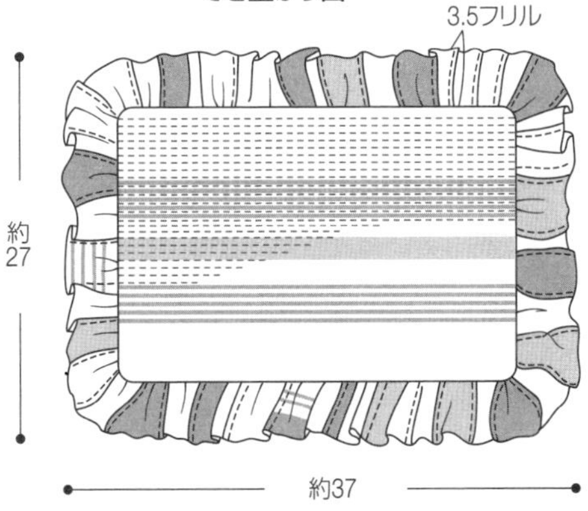

<まとめ方>

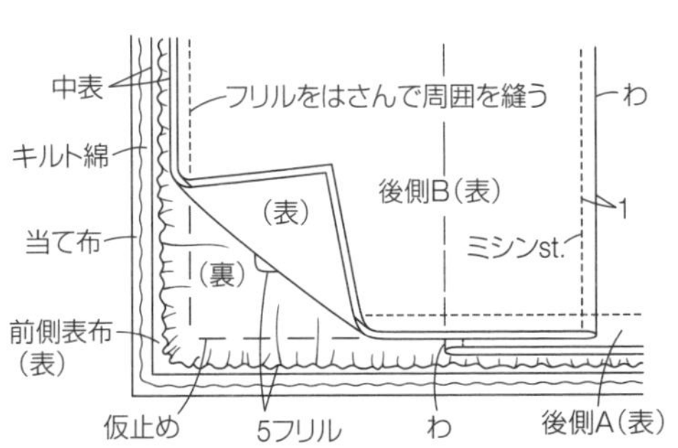

キルト

作り方

パッチワーク・アップリケをして表布を作り、キルト綿・裏布を重ねてキルティング。刺しゅうをして周囲をバインディング始末する。

材料

ボーダー布用(パッチワーク用布を含む)…白×水色のギンガムチェック110×280cm、アップリケ・パッチワーク用布…スクラップ布を使用、キルト綿190×220cm、裏布100×440cm、バインディング(バイアス)3.5×810cm、25番刺しゅう糸適宜

キルト配置図

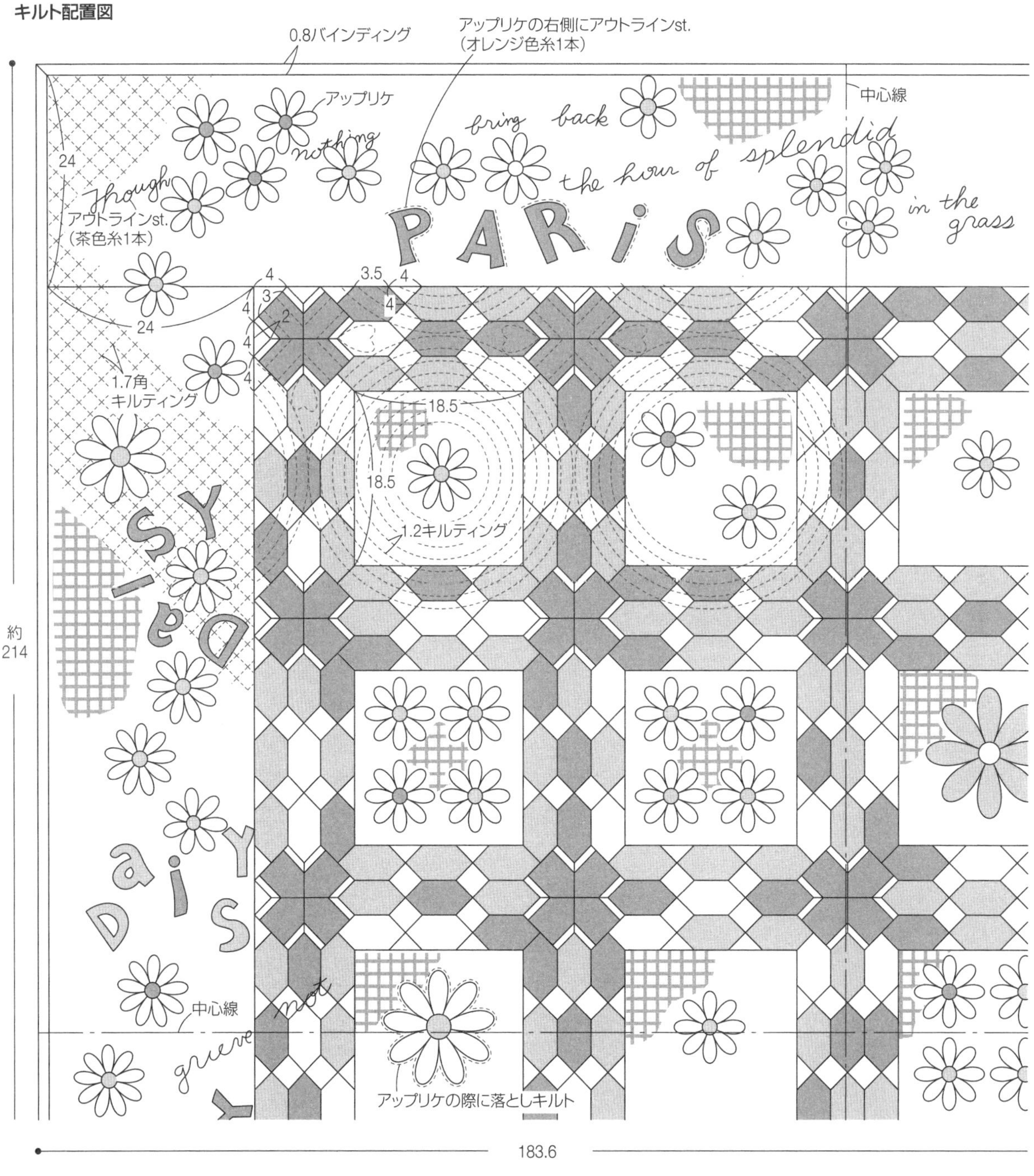

作品23ページ

11

タペストリー

材料

土台布…リネン45×45㎝、アップリケ用布…プリント・サテン・レース・コーティング地などのスクラップ布を使用（モチーフを含む）、裏布・接着キルト綿各45×45㎝、バインディング（バイアス）3×155㎝、フェルト各色・両面接着シート・厚紙各適宜

作り方

土台布に両面接着シートを貼ったレースや裁ち切りのアップリケ布を接着し、接着キルト綿と裏布を重ねてミシンキルト。それぞれのモチーフを作り、好みに飾り止める。

★ 実物大図案は巻末A面

タペストリー配置図

<アップリケ>

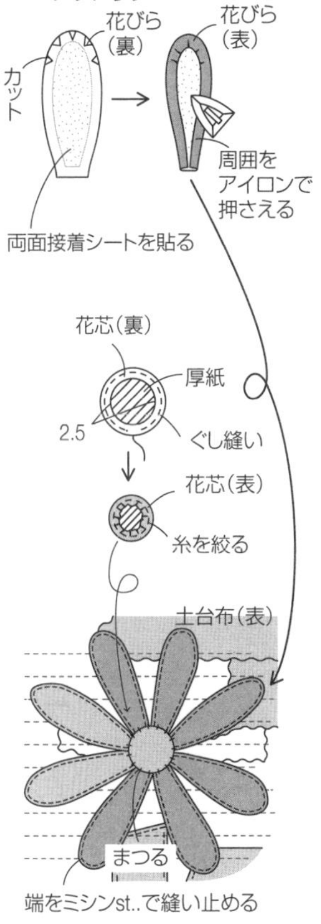

<モチーフ中>

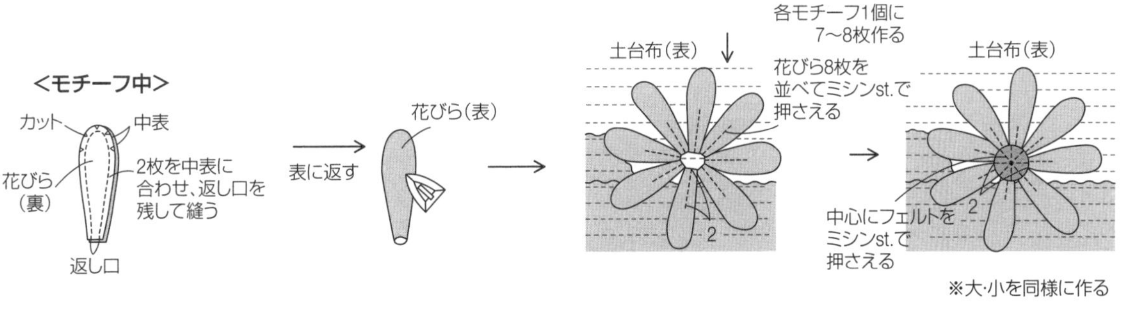

※大・小を同様に作る

箱

材料
本体…スクラップ布を使用(ふたを含む)、内側40×30㎝、キルト綿60×30㎝、25番刺しゅう糸・直径0.8～1.5㎝貝ボタン各種・詰め綿・底板各適宜
作り方　図を参照

かごカバー

材料
パッチワーク用布…スクラップ布を使用、裏布・キルト綿各45×25㎝、バインディング(バイアス)2.5×100㎝、幅4.3㎝リボン110㎝、直径0.6～1.6㎝貝ボタン各種・厚地接着芯各適宜
作り方　図を参照
※既製のかごを使用した寸法です。
★ 実物大型紙は巻末A面

No.12 かごカバー配置図

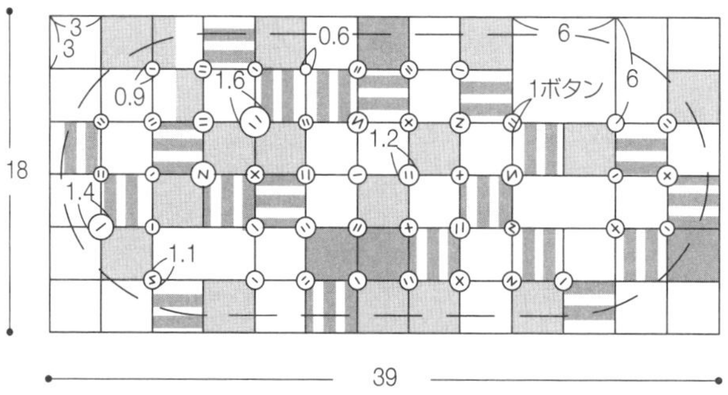

<裏側>

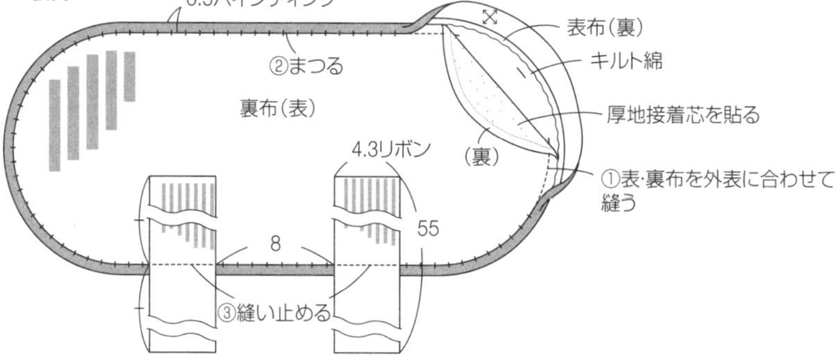

でき上がり図

No.12 箱配置図

本体(内側同寸一枚布)　※(　)内の数字は底板の寸法

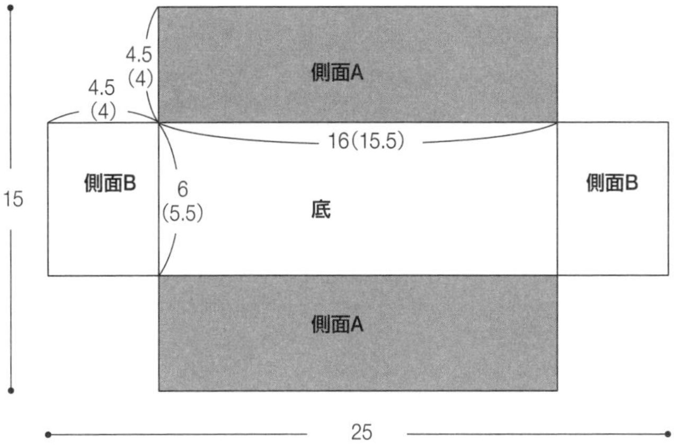

ふた(内側同寸)　※(　)内の数字は底板の寸法

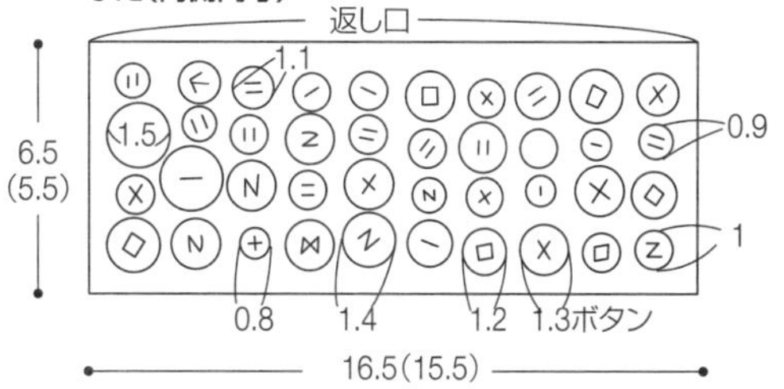

<本体>

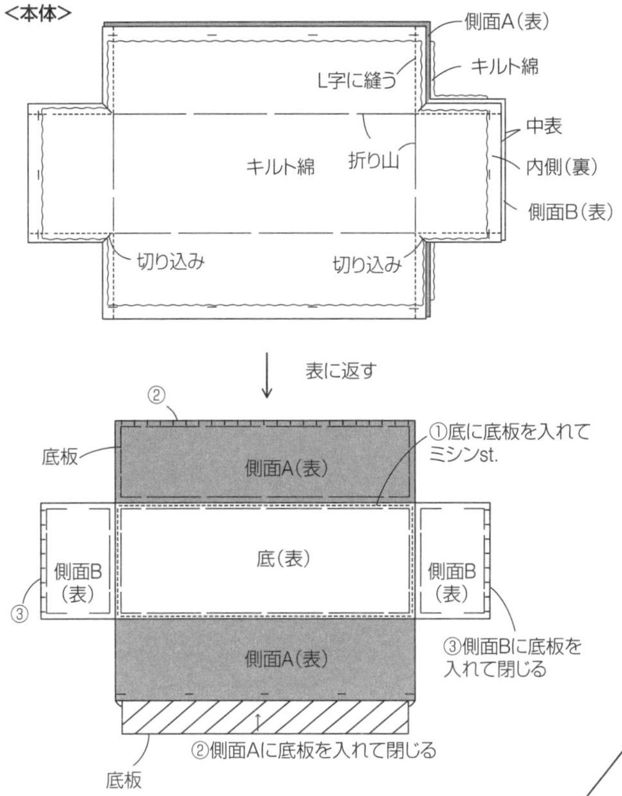

<ふた>

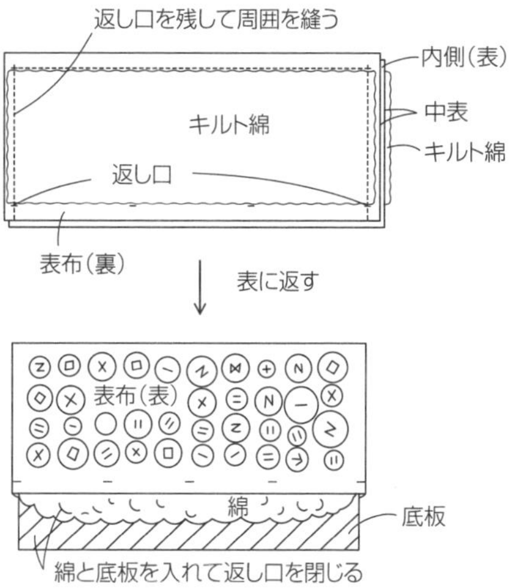

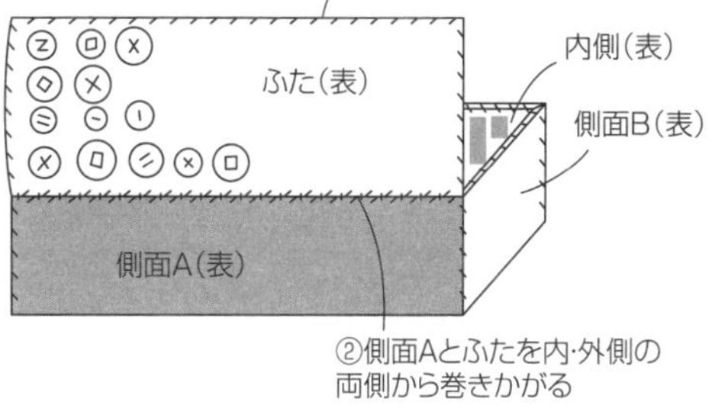

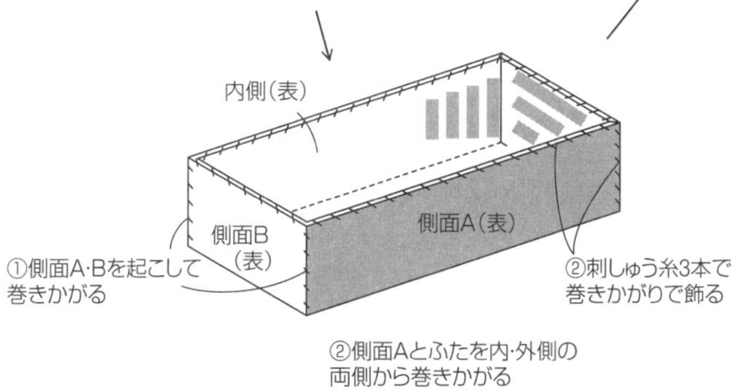

でき上がり図

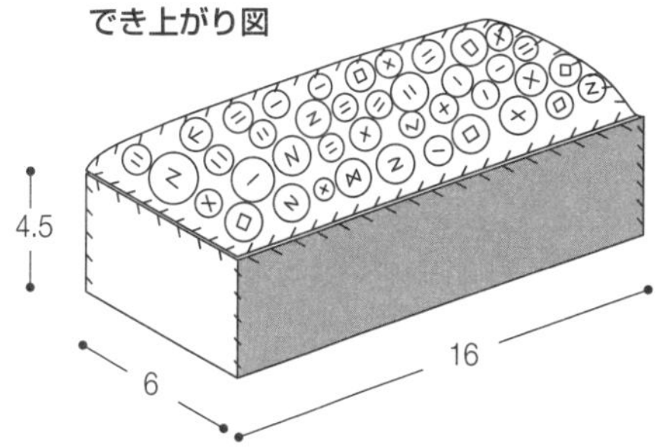

作品47ページ

20

ポーチ

材料

土台布…スクラップ布を使用(アップリケ布・端布を含む)、裏布・接着キルト綿各30×25cm、23cm丈両開きファスナー 1本、ボタン=直径1.5cm 1個・1cm 2個、幅9cmワイヤー口金一組、モチーフレース1枚、直径1.2cm丸ビーズ1個

作り方　図を参照

※土台布に接着キルト綿を貼り、裁ち切りのアップリケ布をミシンキルトで縫い止める。

作品28ページ

13

ボストンバッグ

材料

パッチワーク・アップリケ用布…フェルトを含むスクラップ布を使用(ファスナー脇布を含む)、まち…茶色合皮(持ち手つけ布を含む)80×35cm、裏布・キルト綿各110×90cm、当て布100×60cm、バインディング(バイアス)3.5×120cm縫代始末用バイアス布3×200cm、幅4cm持ち手用テープ116cm、50cm丈両開きファスナー 1本、25番刺しゅう糸各色適宜

作り方　図を参照

★ 実物大型紙は巻末A面

No.13 ボストンバッグ配置図

本体

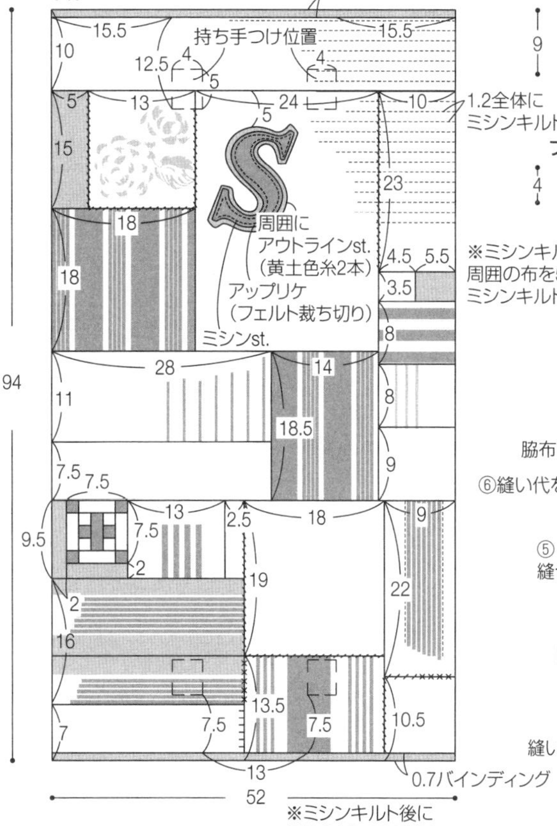

持ち手つけ布(4枚)

ファスナー脇布(2枚)

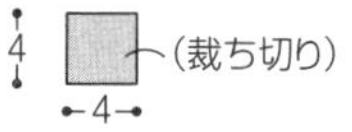

まち(2枚)

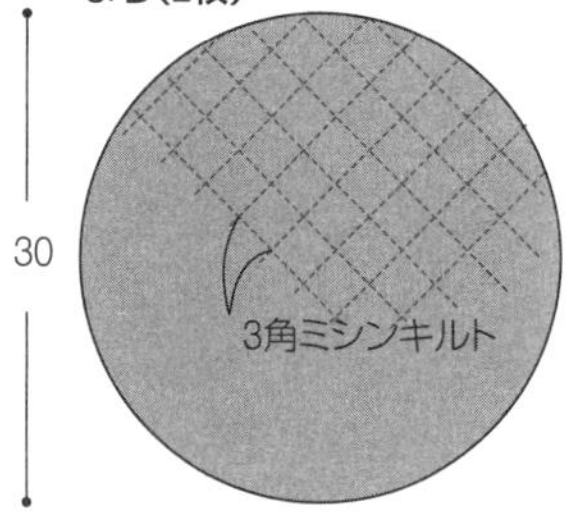

※ミシンキルトの縮み分を考慮し、周囲の布を5～6cm大きく裁ち、ミシンキルト後、でき上がり線を引く

※ミシンキルト後に好みのピースの際を25番刺しゅう糸で好みのステッチをする

<まとめ方>

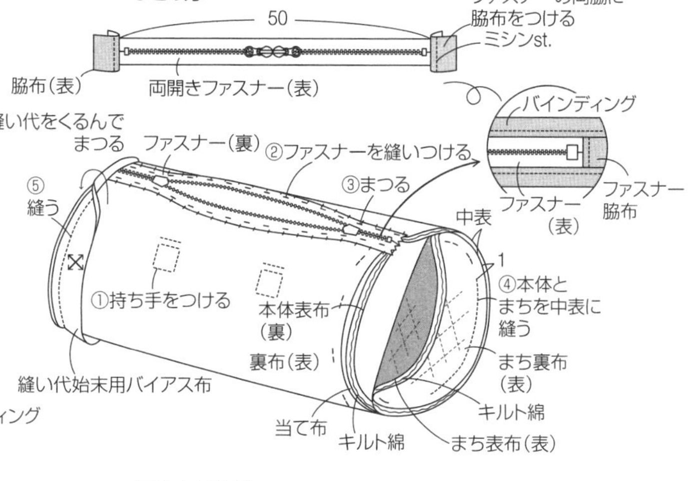

<持ち手のつけ方>

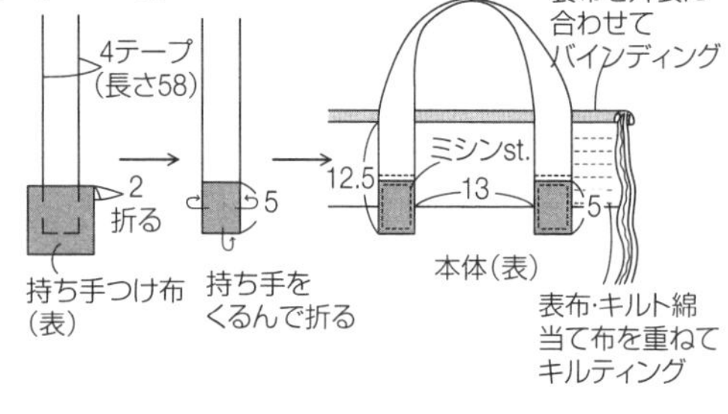

でき上がり図

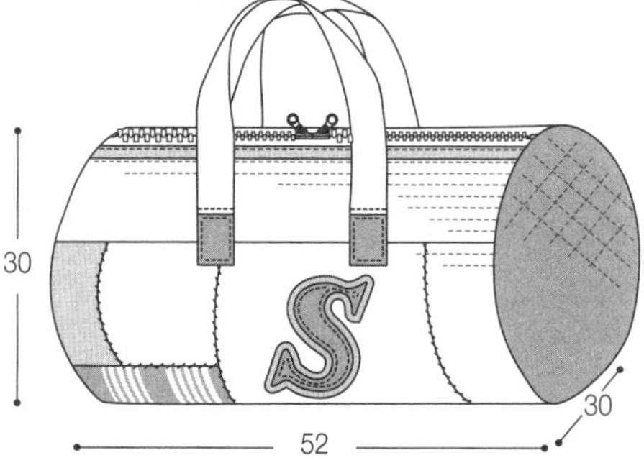

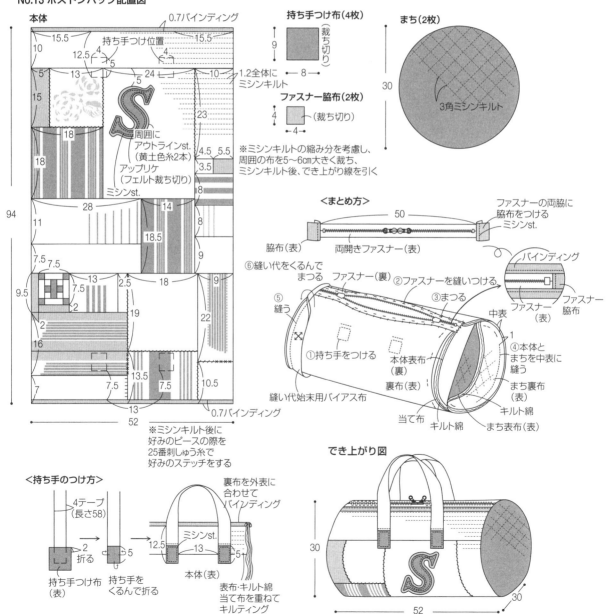

No.20 ポーチ配置図

前側

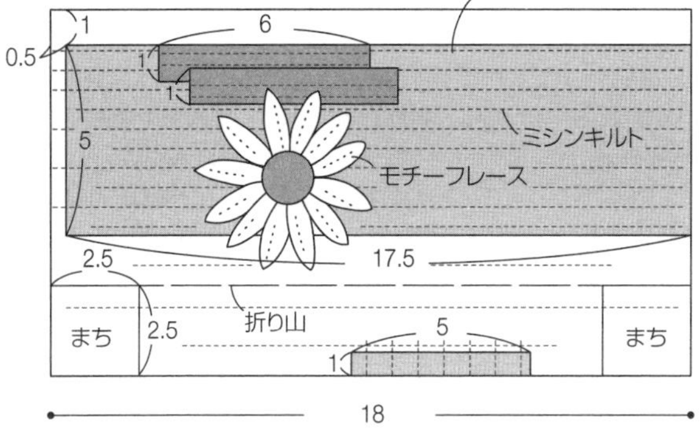

後側

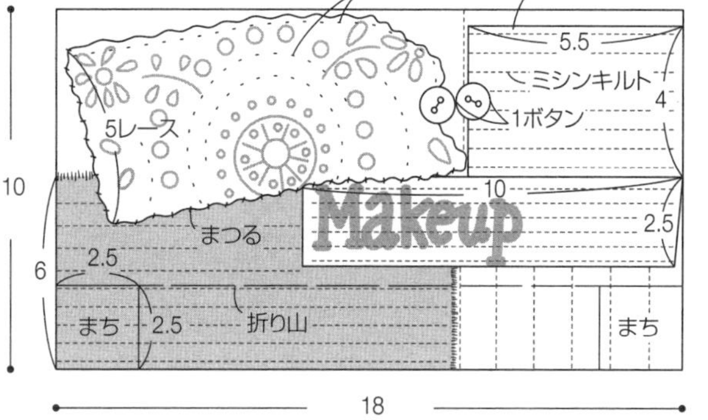

<まとめ方>

前･後側にファスナーをつける

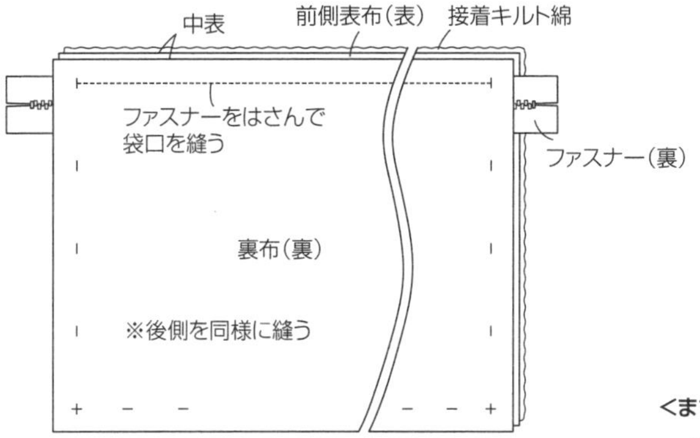

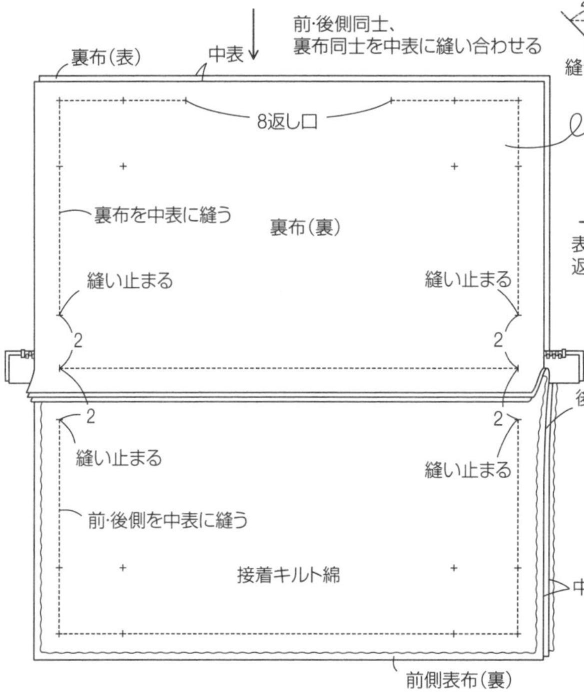

裏布（2枚）

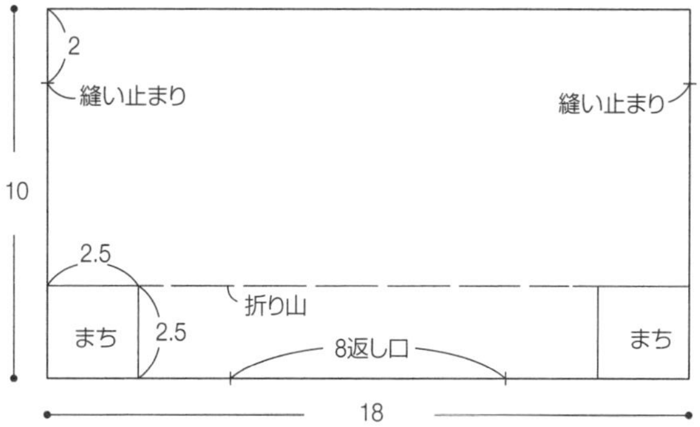

<まちを作る>

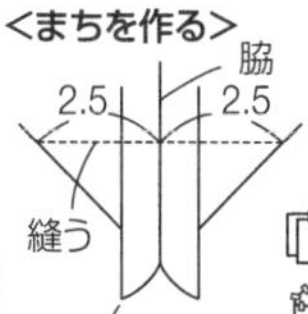

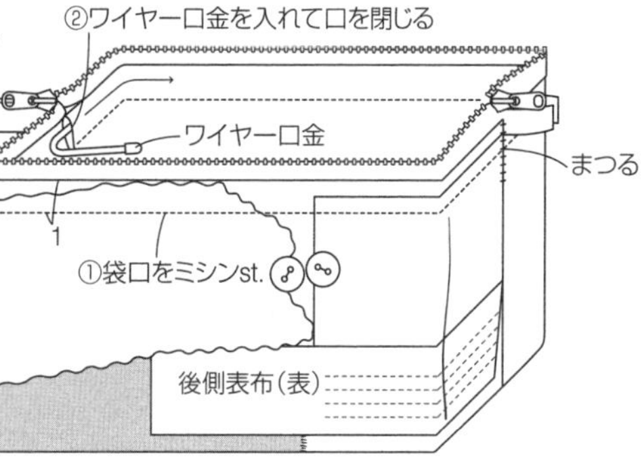

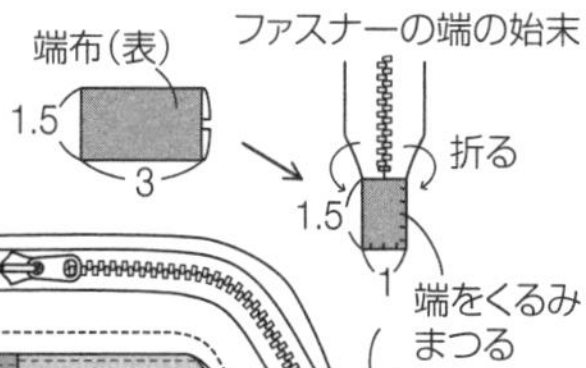

でき上がり図

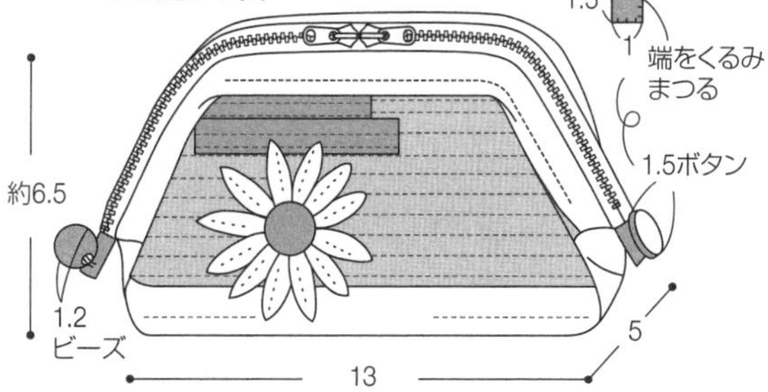

作品32ページ

14

バッグ

材料

土台布…麻90×40㎝、パッチワーク・アップリケ用布…スクラップ布を使用、まち・底…厚地プリント15×120㎝、持ち手…麻(裏布を含む)45×20㎝、中袋・当て布・キルト綿各60×120㎝、25番刺しゅう糸グレー・両面接着シート・接着芯・転写シート各適宜

作り方

❶前側土台布に転写シートを貼り、裁ち切りで用意したアップリケ布を両面接着シートで接着する。刺しゅう、ミシンステッチをする。

❷後側はピースワークをしたパターンを土台布にアップリケする。

❸前・後側、まち・底それぞれとキルト綿、当て布を重ねてミシンキルトをする。

❹持ち手、中袋を作る。

❺前・後側とまち・底を中表に合わせ縫い合わせて本体を作る。

❻本体と中袋を中表に合わせ、持ち手をはさんで袋口を縫う。

❼表に返して返し口を閉じる。

★ 実物大型紙は巻末A面

バッグ配置図

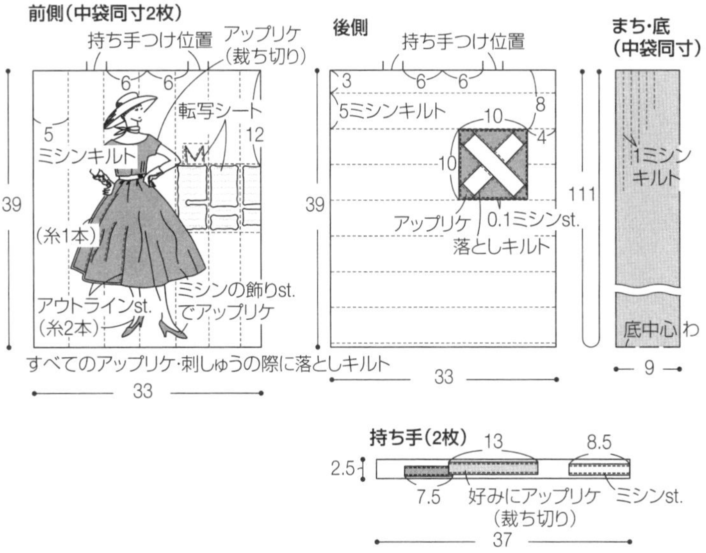

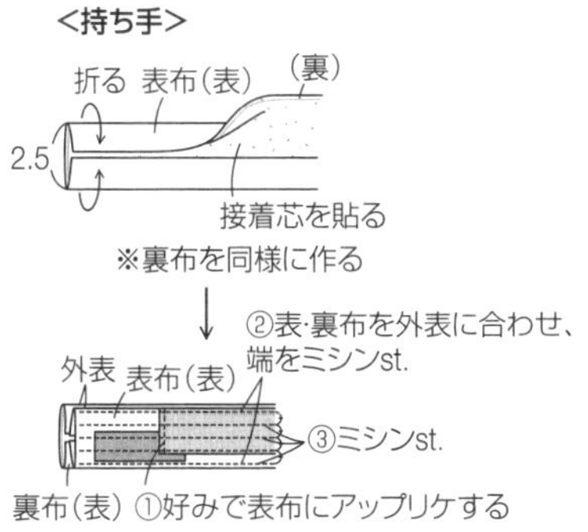

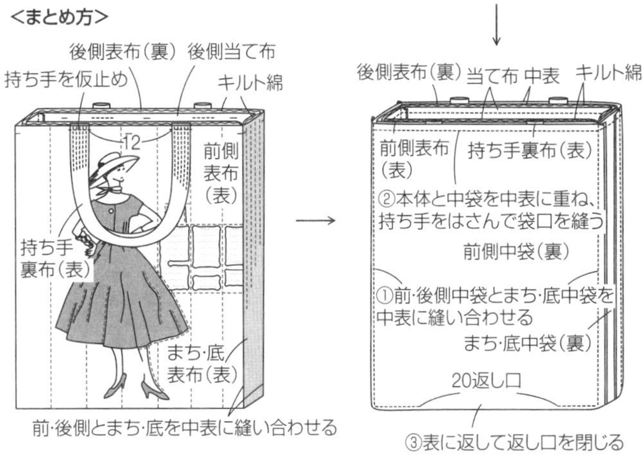

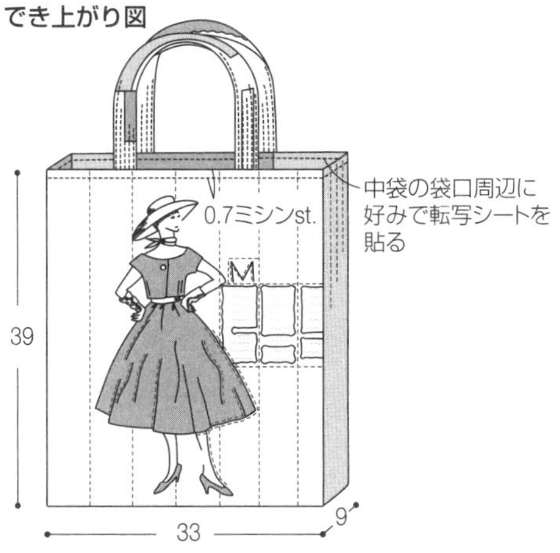

作品36ページ

15

バッグ

材料

土台布…オフホワイト無地45×40cm、後側…ストライプ45×40cm、パッチワーク・アップリケ用布…スクラップ布を使用、接着キルト綿80×45cm、幅0.8cm持ち手用革テープ144cm、モチーフレース1枚、両面接着シート・転写シート各適宜

作り方

❶前側土台布に刺しゅう、アップリケをし、モチーフレースや転写シートを好みでつける。
❷後側を作る。
❸前・後側と接着キルト綿を重ねてキルティングをする。
❹内ポケットをつけて中袋を作る。
❺持ち手を仮止めした前・後側を中表に合わせて縫い本体を作る。
❻中袋と本体を中表に合わせ袋口を縫い、中袋の返し口から表に返す。
★ 実物大型紙は巻末A面

バッグ配置図

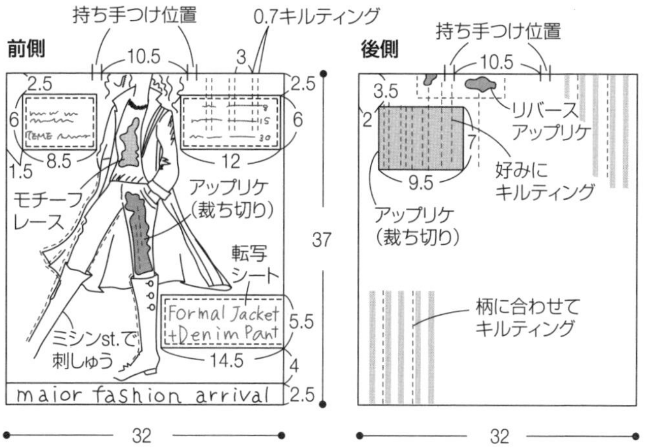

中袋

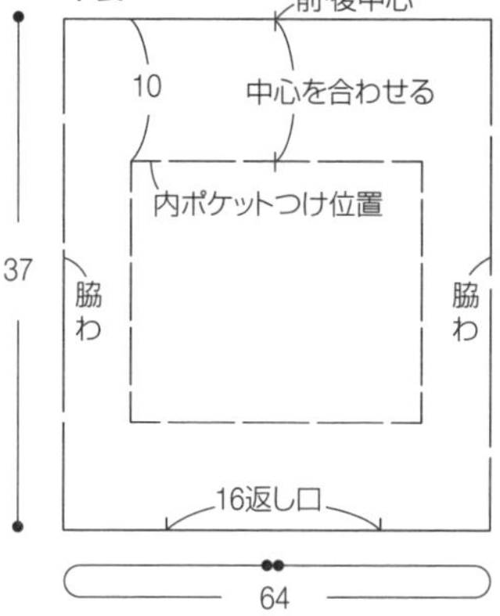

内ポケット

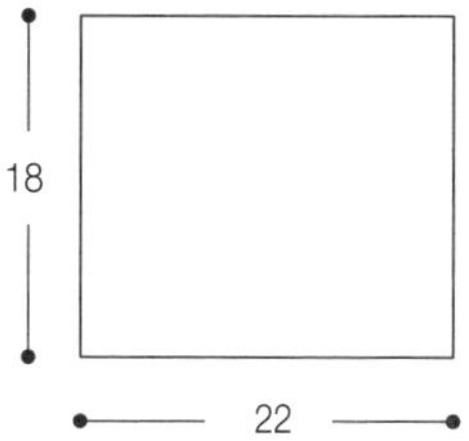

<中袋>

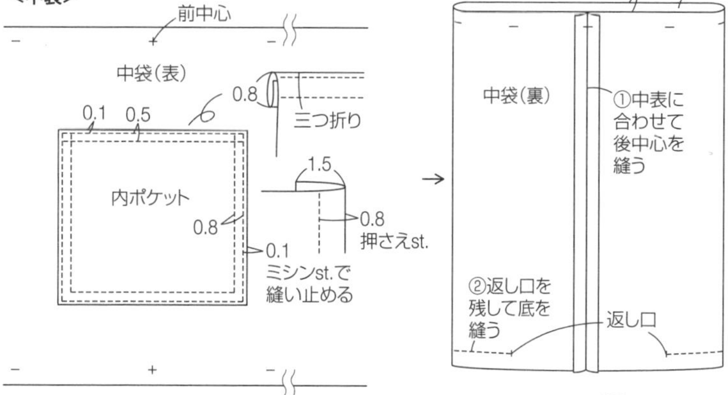

<本体>

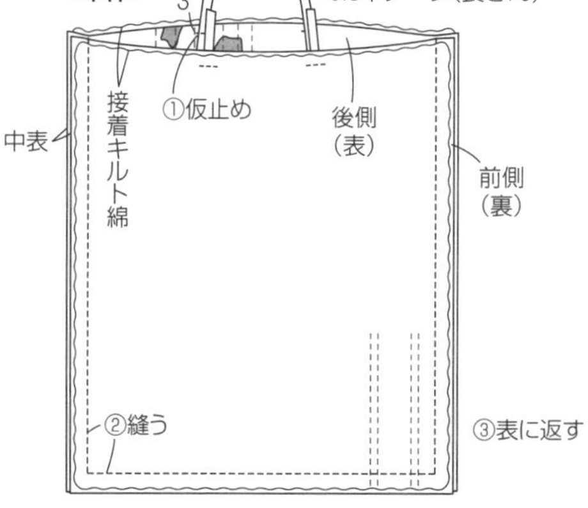

<まとめ方>

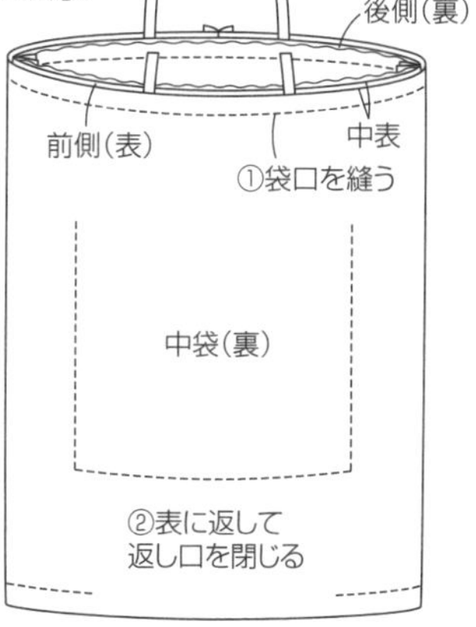

でき上がり図

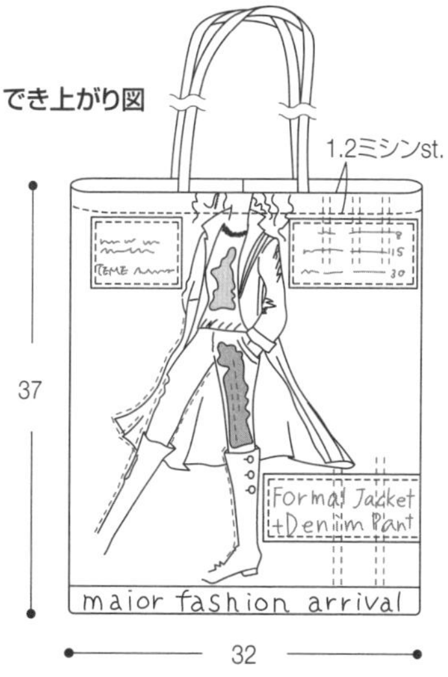

ショルダーバッグ

材料

パッチワーク用布…スクラップ布を使用（タブを含む）、後側…ストライプ45×25㎝、土台布40×22㎝、中袋・当て布・キルト綿各60×45㎝、幅1㎝持ち手用革テープ120㎝、25㎝丈両開きファスナー 1本、Dカン2個、25番刺しゅう糸

作り方

❶前側はパッチワークをして各パーツを作り、土台布に止めつける。キルト綿、当て布と重ねてキルティングをし、刺しゅうをする。
❷後側にキルト綿と当て布を重ねてキルティングをする。
❸中袋、タブを作る。
❹前・後側を中表に合わせて縫い本体を作る。
❺本体と中袋を中表に合わせ縫う。
❻表に返しファスナーをつけDカンに革テープをつける。
★ 実物大型紙は巻末B面

ショルダーバッグ配置図

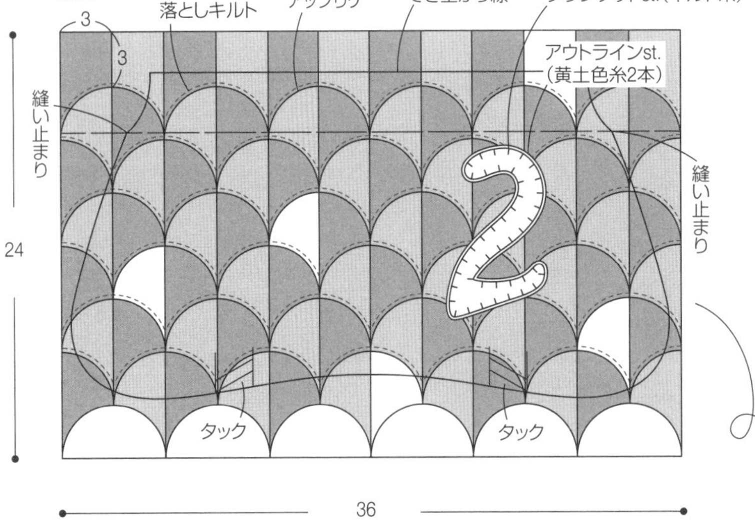

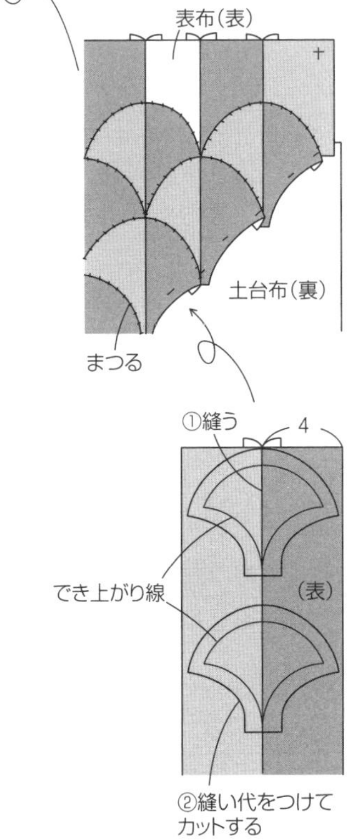

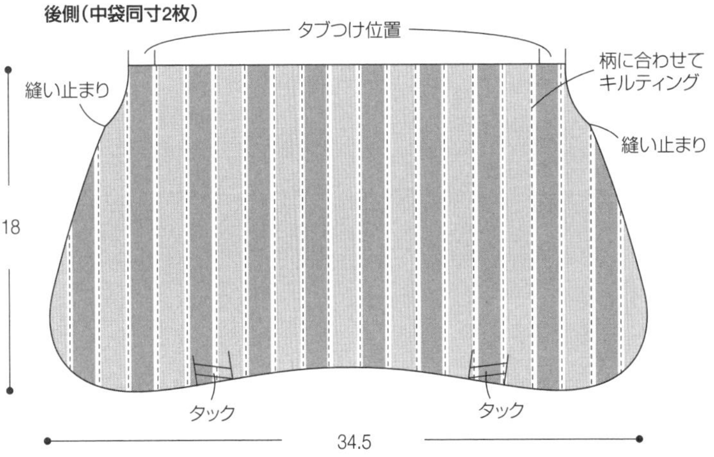

タブ（2枚）

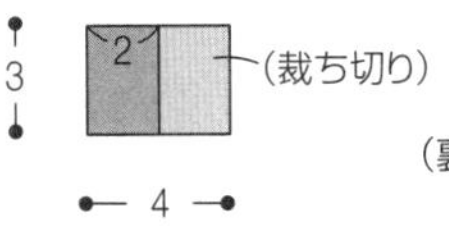

<タブ>

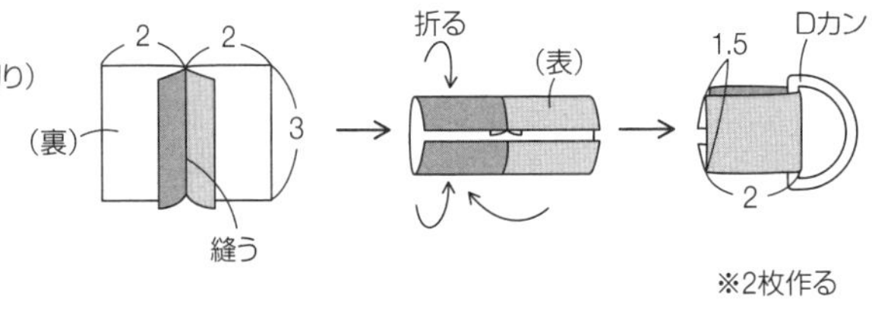

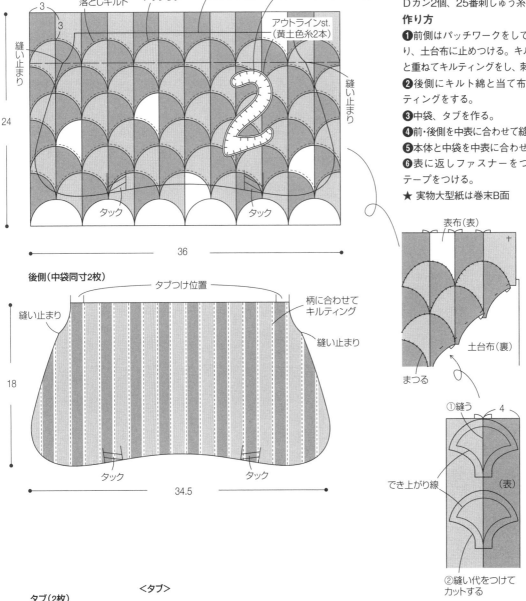

<まとめ方>

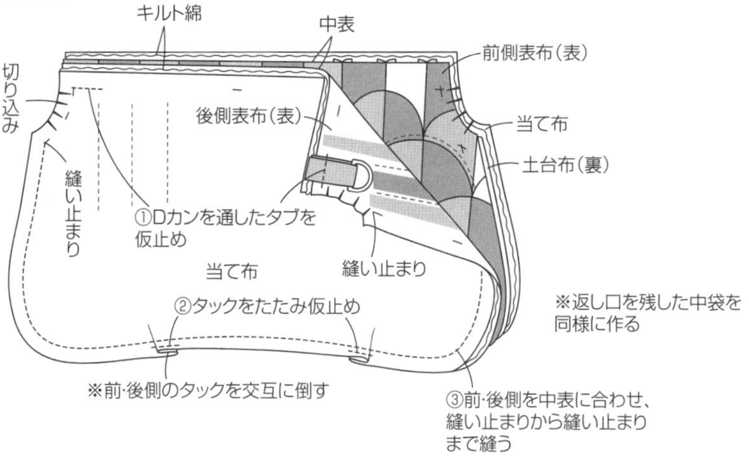

表に返す

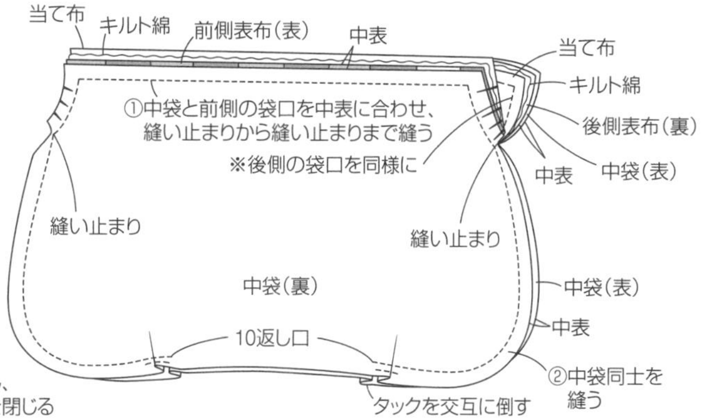

表に返し、返し口を閉じる

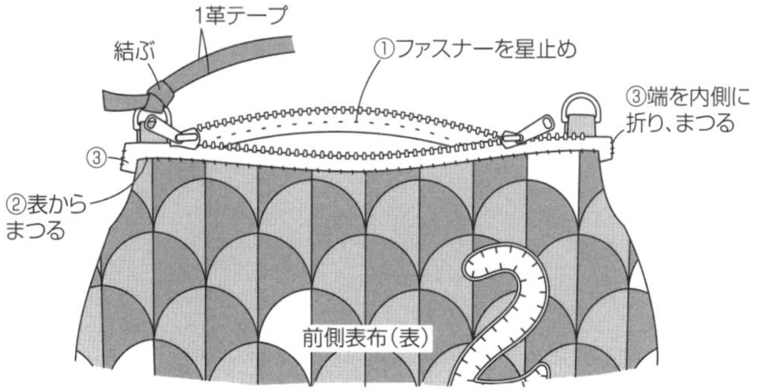

表に返し、返し口を閉じる

でき上がり図

作品45ページ

19

ブックカバー

作り方

❶パッチワークをして本体表布を作る。

❷本体表布に接着芯を貼り、裏布と中表に合わせて縫う。

❸表に返しミシンステッチをする。

❹再度中表に合わせ、ポケット部分を折り返し口を残して縫う。

❺表に返し返し口を閉じる。

材料

パッチワーク布…赤無地30×25㎝・無地やプリントのスクラップ布を使用(ベルト・裏布を含む)、接着芯50×20㎝、幅0.5㎝しおり用リボン30㎝

★ 実物大型紙は巻末B面

ブックカバー配置図

本体(裏布同寸一枚布)

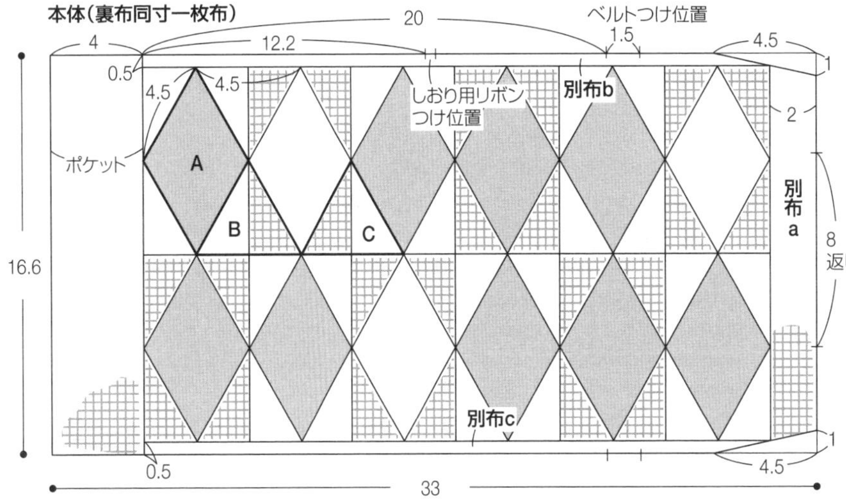

ベルト

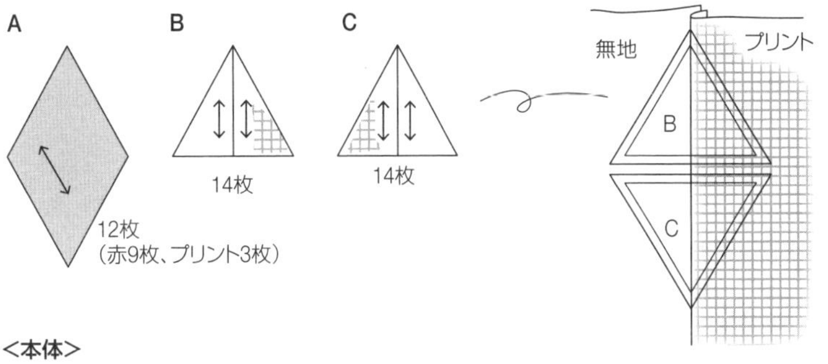

<ベルト>

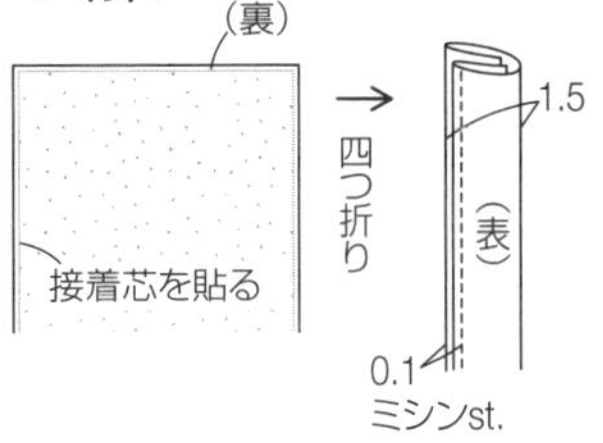

<本体>

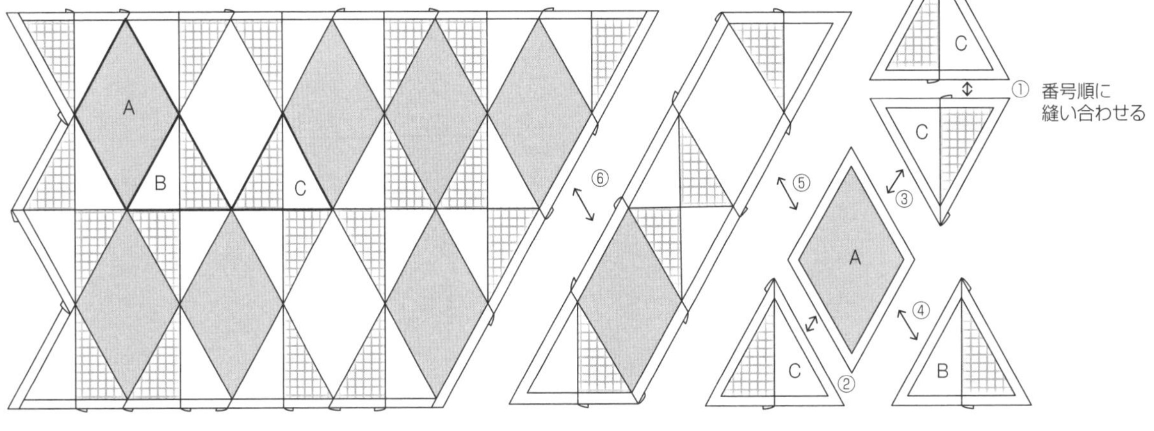

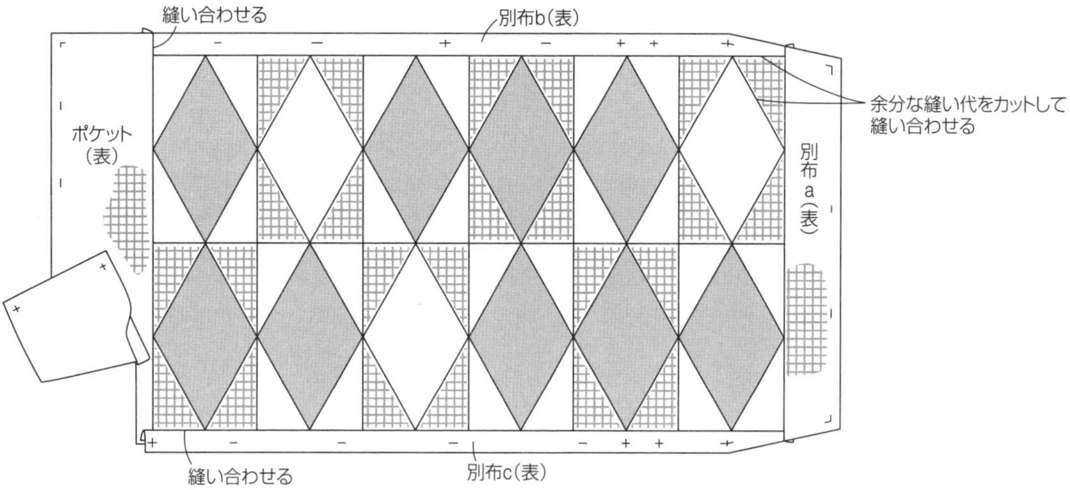
縫い合わせる
別布b（表）
ポケット（表）
余分な縫い代をカットして縫い合わせる
別布a（表）
縫い合わせる
別布c（表）

<まとめ方>

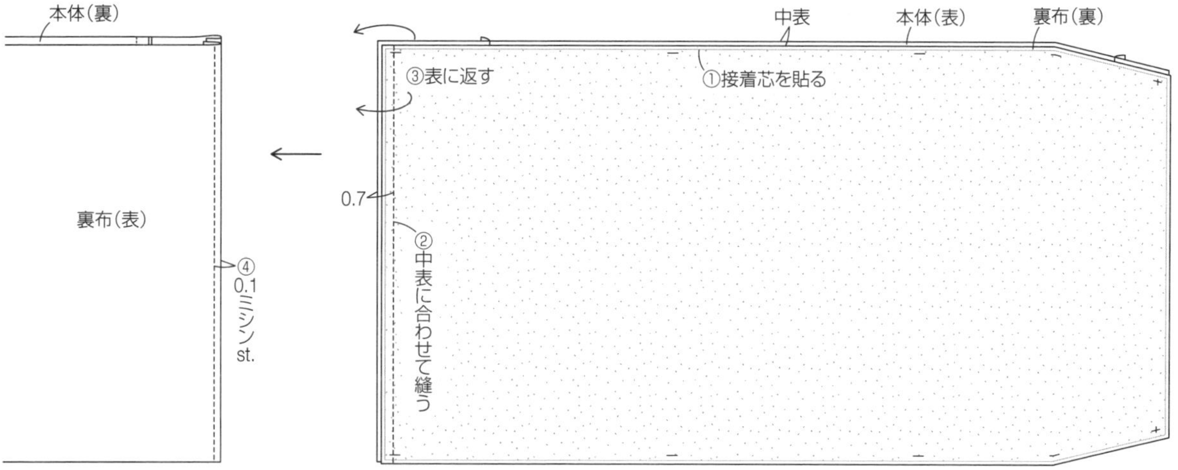
本体（裏）
裏布（表）
④0.1ミシンst.
中表
本体（表）
裏布（裏）
③表に返す
①接着芯を貼る
0.7
②中表に合わせて縫う

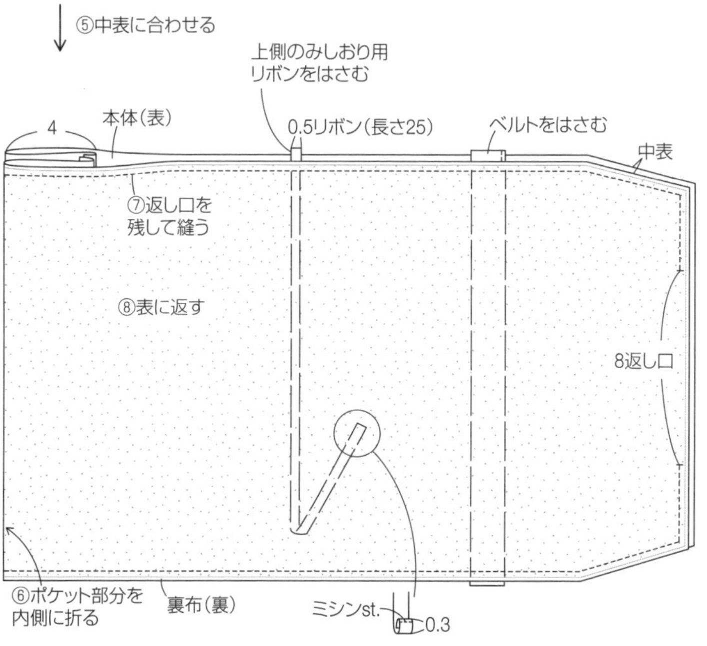
⑤中表に合わせる
上側のみしおり用リボンをはさむ
4
本体（表）
0.5リボン（長さ25）
ベルトをはさむ
中表
⑦返し口を残して縫う
⑧表に返す
8返し口
⑥ポケット部分を内側に折る
裏布（裏）
ミシンst.
0.3

でき上がり図

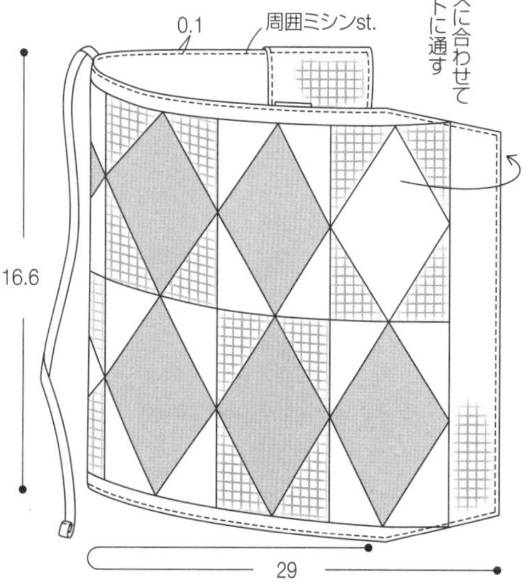
本のサイズに合わせて折り、ベルトに通す
0.1
周囲ミシンst.
16.6
29

作品47ページ 21

がま口

材料

土台布…ストライプ30×20㎝、アップリケ用布…スクラップ布を使用、中袋30×15㎝、玉つき口金横幅約7.5×高さ紙6㎝（玉含む）1個、厚紙適宜

作り方　図を参照

★ 実物大型紙は巻末B面

がま口配置図

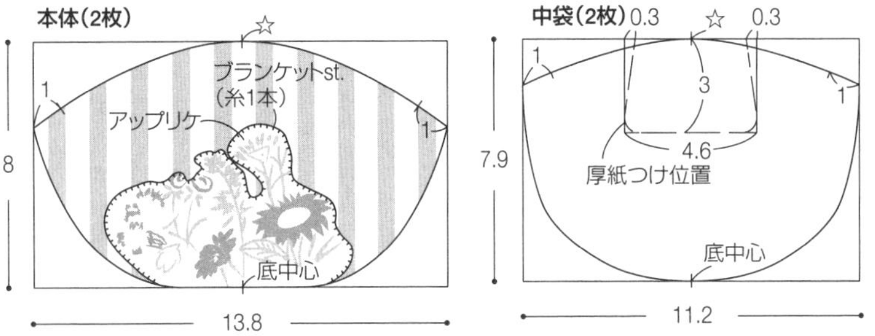

<本体>

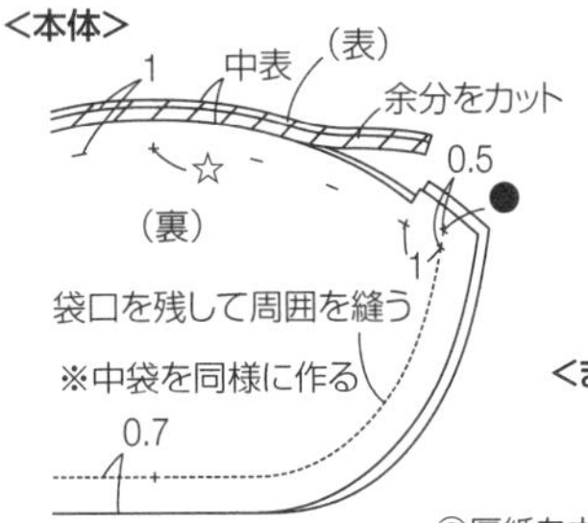

<まとめ方>

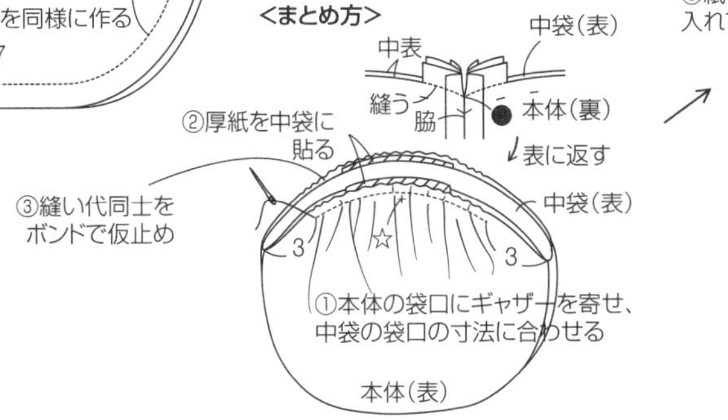

<口金のつけ方>

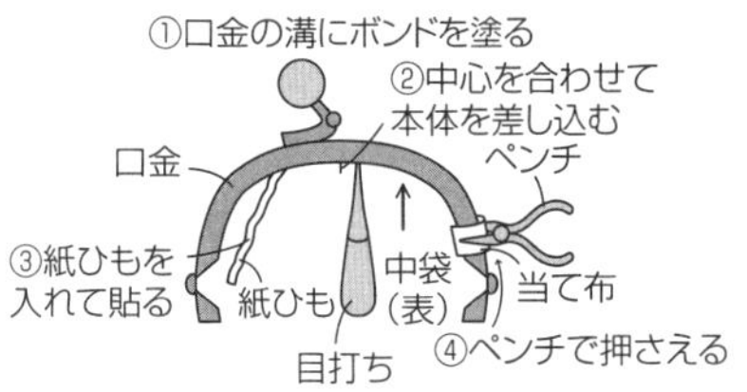

でき上がり図

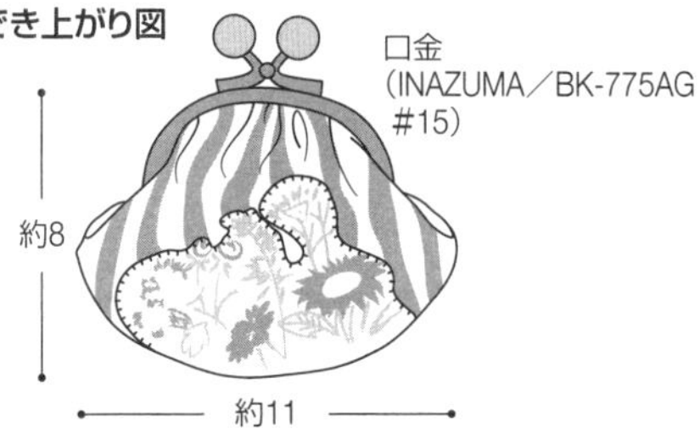

作品48ページ 22

コインケース

材料

土台布…ジーンズなどのスクラップ布を使用（アップリケ布・タブ・ファスナー端布を含む）、中袋・薄地接着キルト綿各30×15㎝、15㎝丈ファスナー1本、25番刺しゅう糸緑・接着芯各適宜

作り方　図を参照

★ 実物大型紙は巻末B面

<まとめ方>

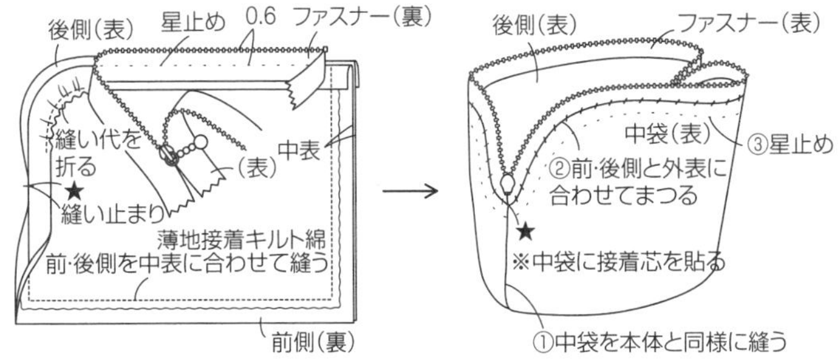

でき上がり図

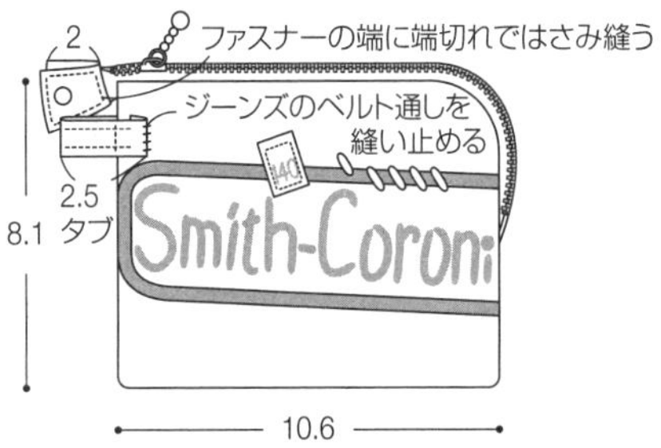

コインケース配置図

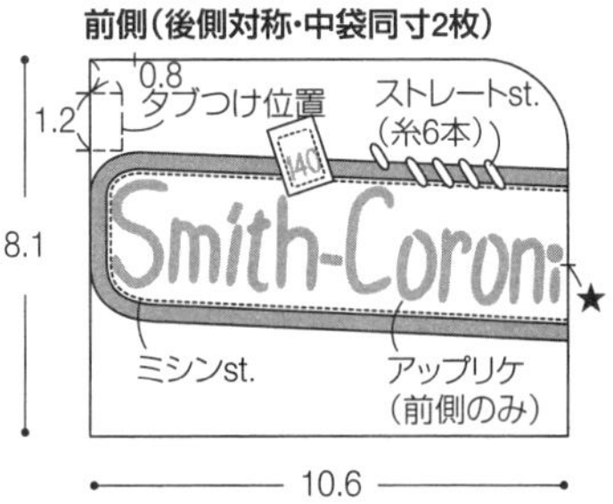

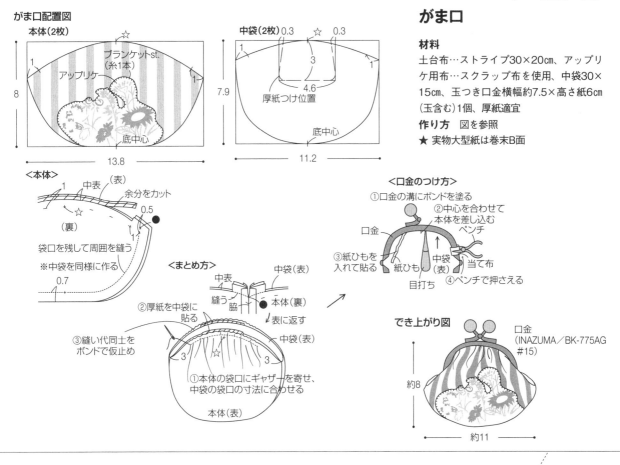

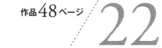

作品50ページ

24

エプロンスカート

材料

前側…麻ストライプ(ポケットを含む)110×80㎝、結びひも…麻プリント110×25㎝、後側110×80㎝

作り方　図を参照

★ 実物大型紙は巻末B面

エプロンスカート製図

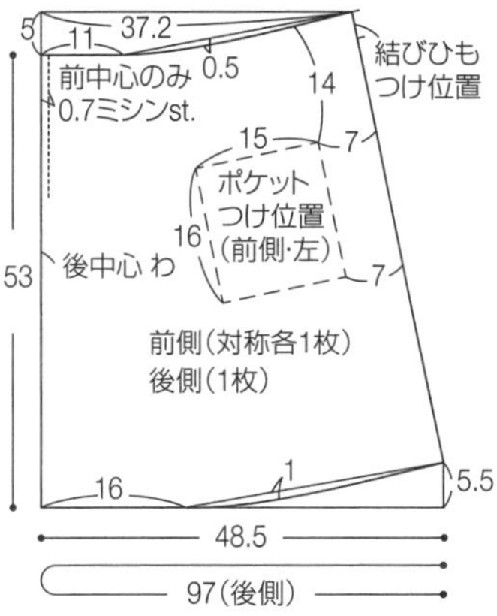

ポケット

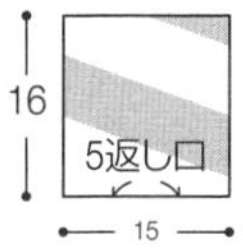

<ポケット>

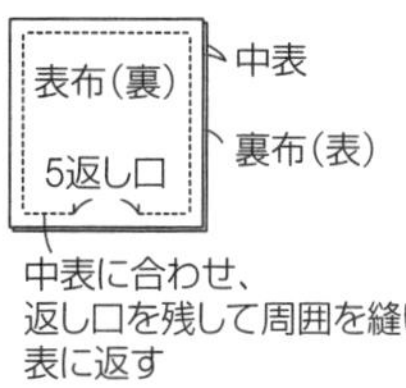

結びひも(4枚)

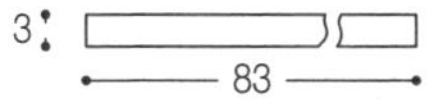

<結びひも>

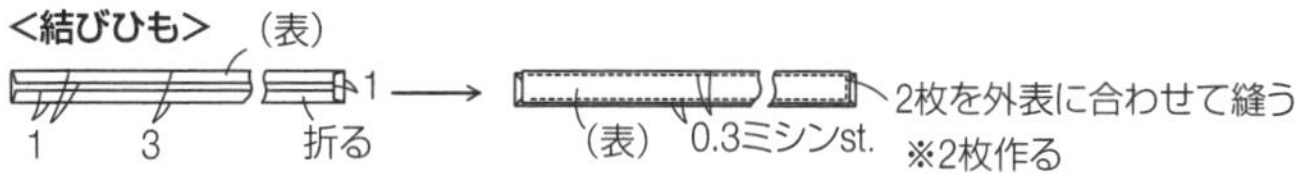

☆縫い代

前中心…1.5　ウエスト…2　脇…1.2

裾…3　その他…各1

<前側>

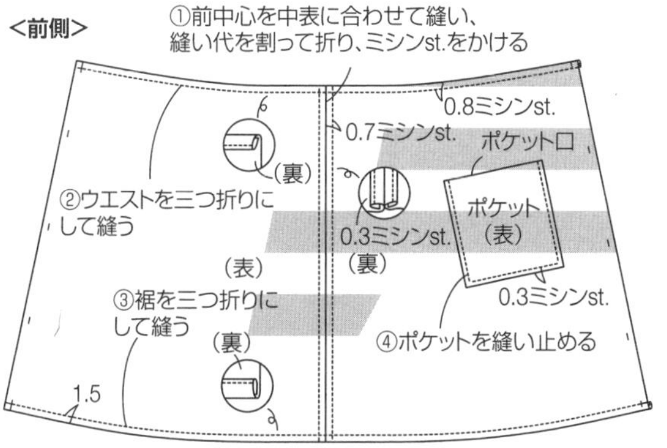

<後側>

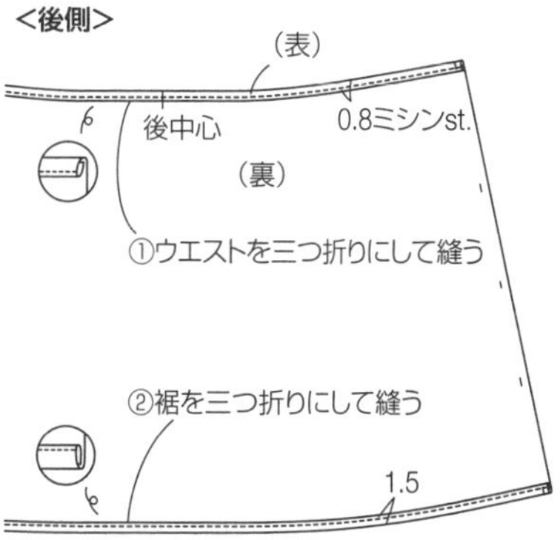

<まとめ方>

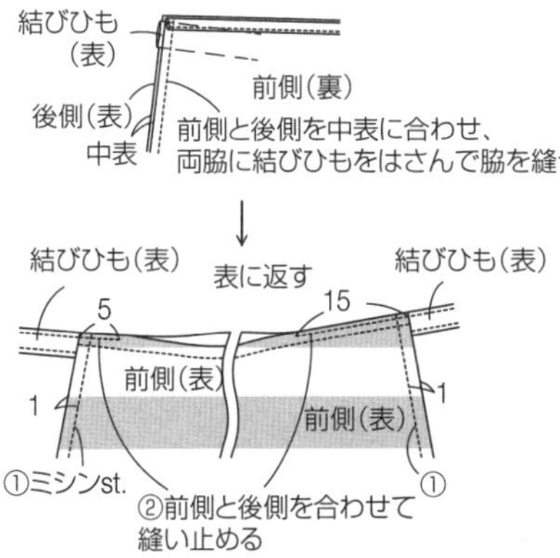

でき上がり図

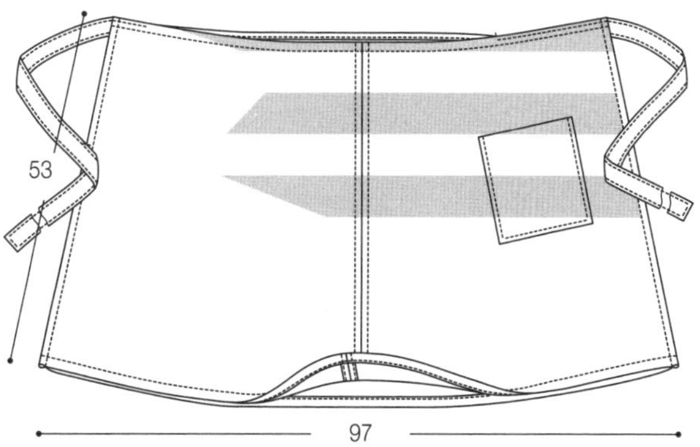

作品52ページ

25

スカート

材料

表布…レース地・サテン地各110×150㎝、裏布…綿プリント地110×150㎝、直径2.5㎝ボタン1個、スナップボタン中・小各一組

作り方

❶表布を縫い合わせて表スカートを作る。
❷裏布を縫い合わせて裏スカートを作る。
❸表・裏スカートを中表に合わせて端、ウエストを縫う。
❹スナップボタン、ボタンをつける。

スカート製図

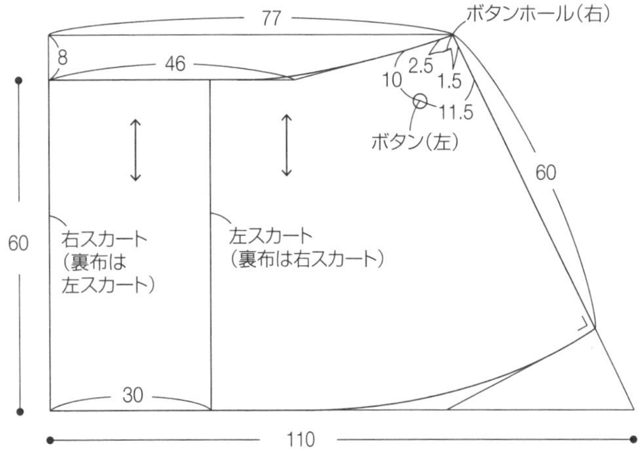

表布はレース地とサテン地を重ねる

☆縫い代
裾…4
ウエスト…2
その他…各1

<表布>

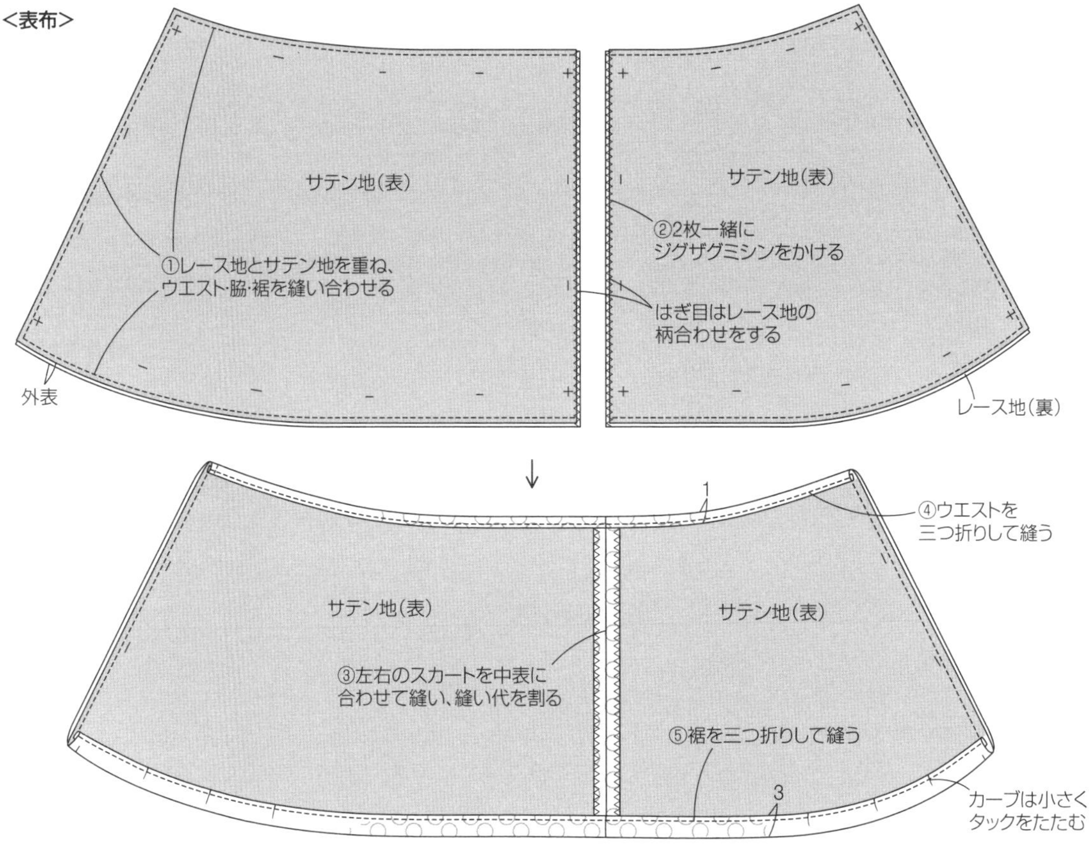

<裏布>

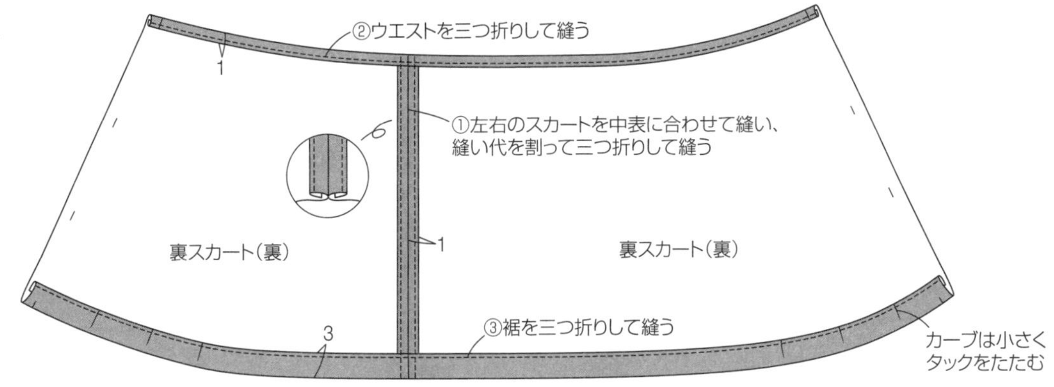

<まとめ方>

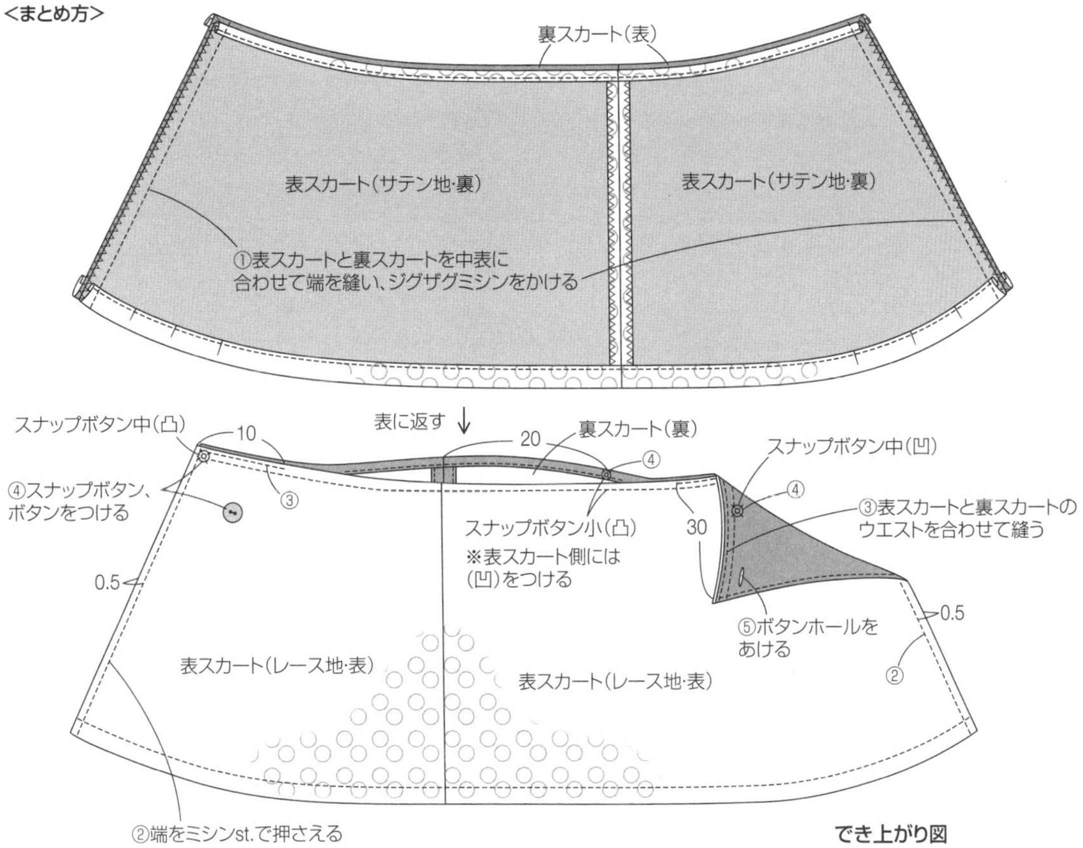

でき上がり図

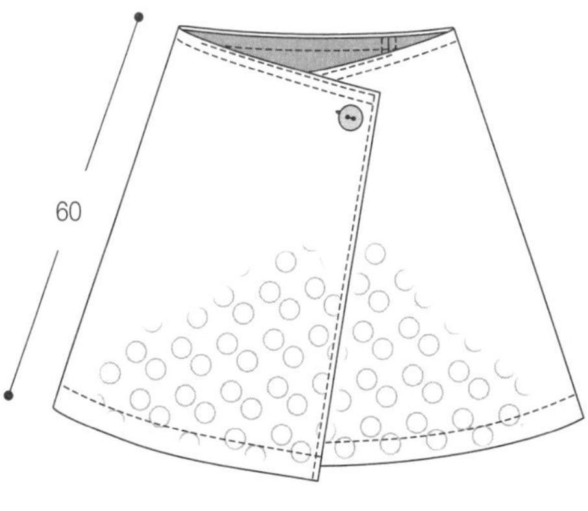

バッグ

材料

パッチワーク・アップリケ用布…青無地(ポケット内側・持ち手を含む)110×50㎝・こげ茶無地(ショルダーを含む)110×60㎝・スクラップ布を使用、中袋90×50㎝、当て布・キルト綿各90×50㎝、40㎝丈両開きファスナー1本、直径1.5㎝マグネットボタン一組、25番刺しゅう糸グレー・接着芯各適宜

作り方

❶ピースワーク、アップリケをして前側ポケットを作る。キルト綿、当て布と重ねてキルティングをする。
❷前側ポケットと裏布をファスナーをはさんで縫う。
❸ポケットにキルティングをしたA布を合わせ、ポケット裏布と合わせて縫う。
❹ピースワークをして後側表布を作り、キルト綿､当て布と重ねてキルティングをする。
❺中袋、ショルダー、持ち手を作る。
❻前・後側を中表に合わせ、袋口を残して周囲を縫い本体を作る。
❼ショルダー、持ち手を仮止めし、本体と中袋を中表に合わせて袋口を縫う。
❽表に返し口を閉じる。マグネットボタンをつける。
★ 実物大型紙は巻末B面

配置図

※刺しゅうはすべて糸1本で刺す

前側

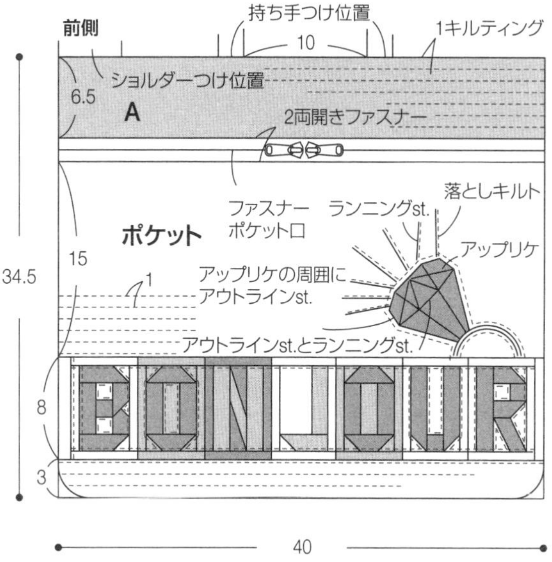

後側(中袋同寸2枚)

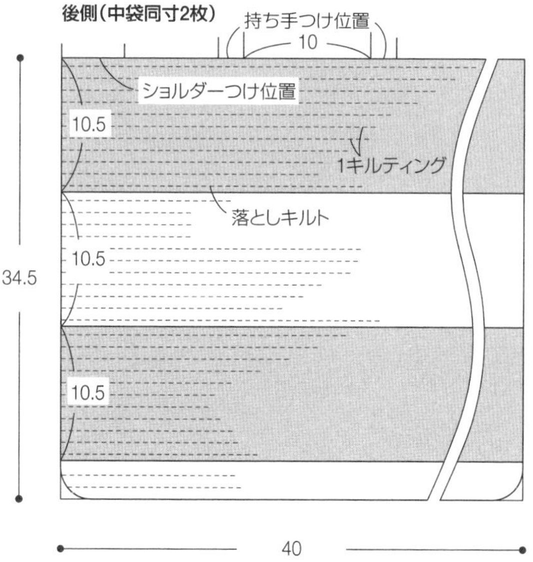

ポケット内側

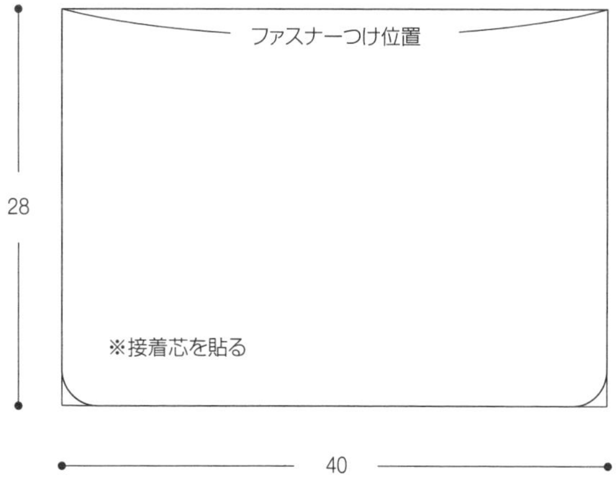

ショルダー(2枚)

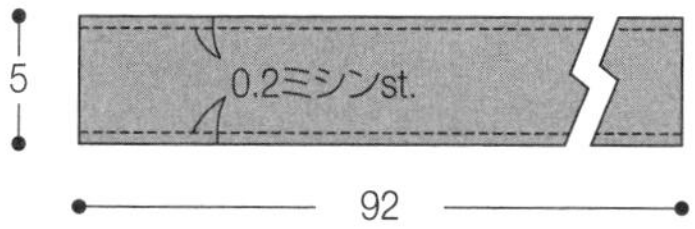

持ち手(4枚)

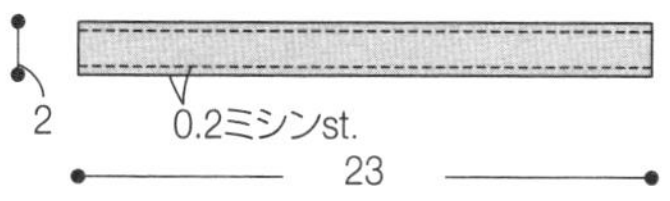

<ショルダー>

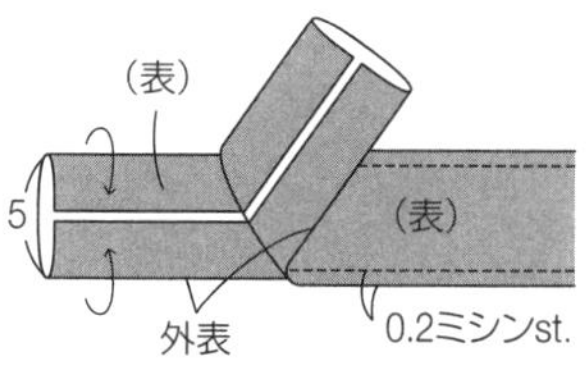

※持ち手を同様に2枚作る

<前側>

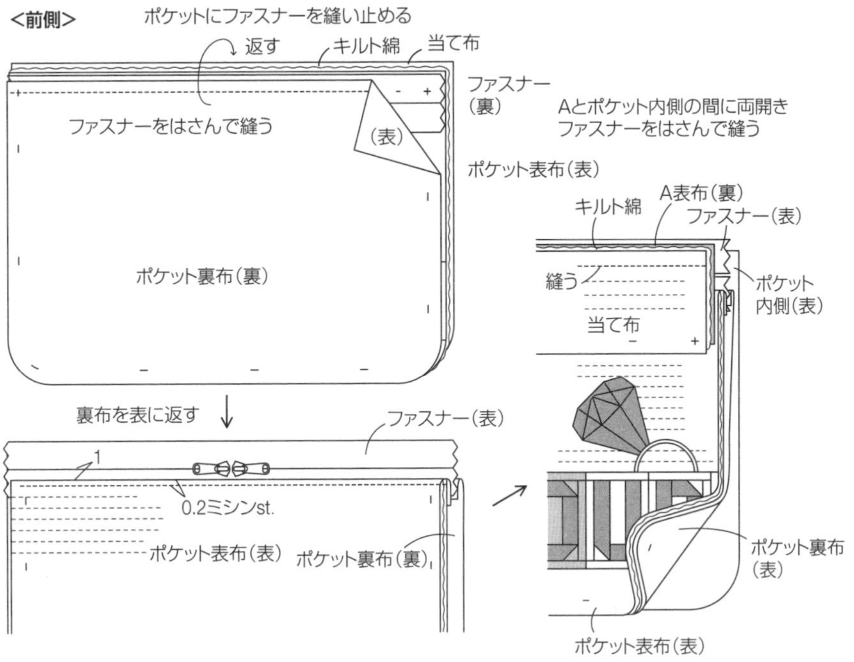

<本体>

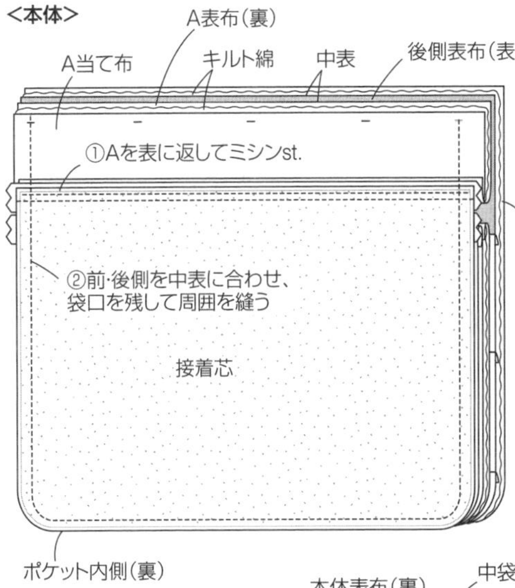

表に返す

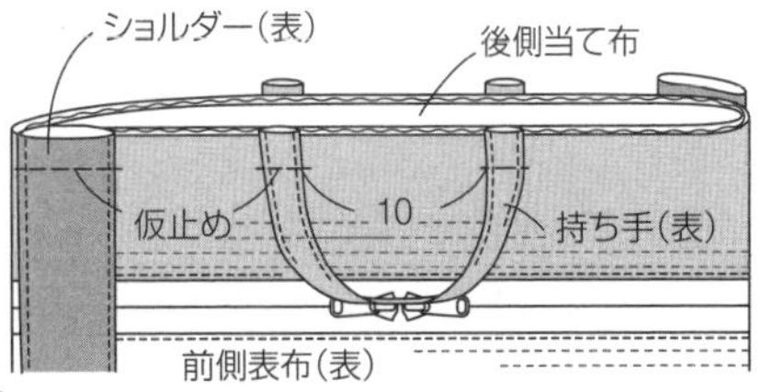

<まとめ方>

本体と中袋を中表に合わせ、
袋口を縫い、表に返して
返し口を閉じる

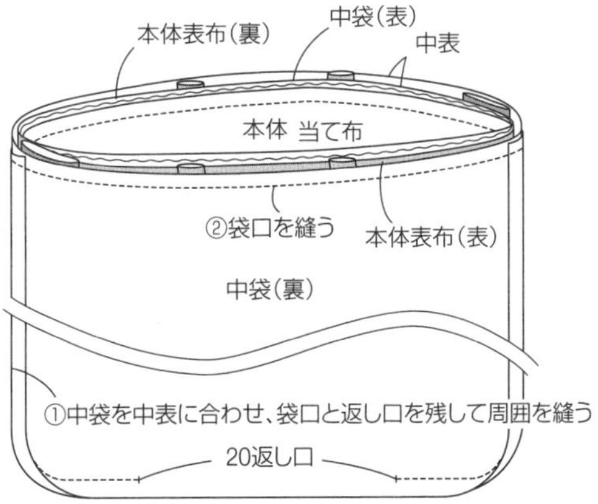

でき上がり図

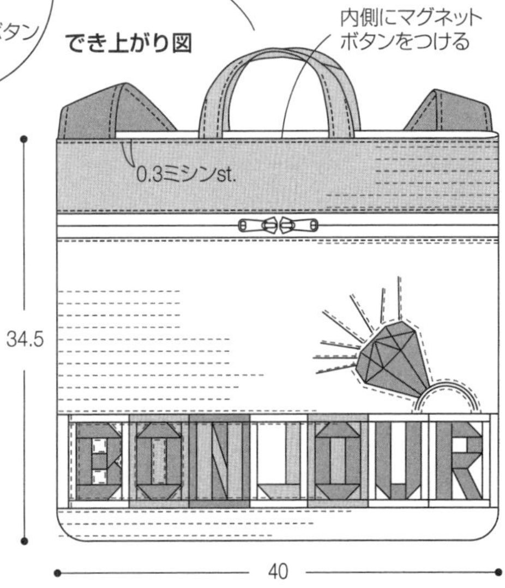

ミニバッグ

材料

パッチワーク・アップリケ用布…スクラップ布を使用(持ち手を含む)、中袋・当て布・キルト綿各50×30㎝、19㎝丈両開きファスナー 1本、25番刺しゅう糸各色・接着芯各適宜

作り方

❶パッチワークとアップリケ、刺しゅうをして前側、底、後側の表布を作り、それぞれ縫い合わせて表布本体を作る。
❷本体表布とキルト綿、当て布を重ねてキルティングをして本体を作る。
❸中袋、持ち手を作る。
❹袋口にファスナーをつける。
❺本体を中表に合わせ、両脇を縫いまちを作る。
❻本体と中袋を中表に合わせ、ファスナーのテープに中袋をまつりつける。
★ 実物大型紙は巻末B面

バッグ配置図

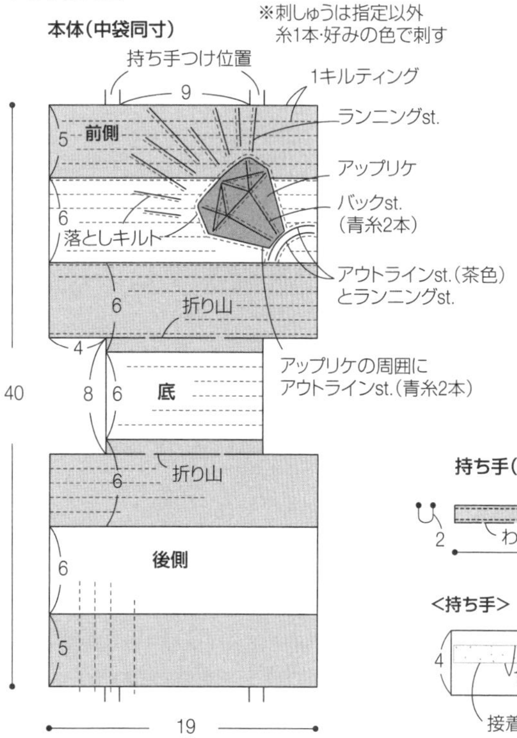

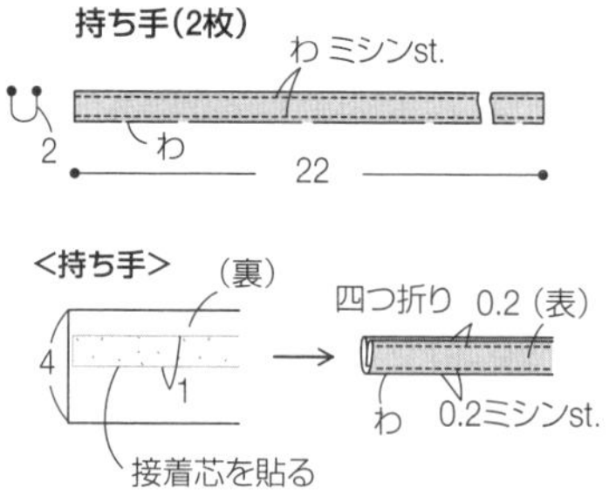

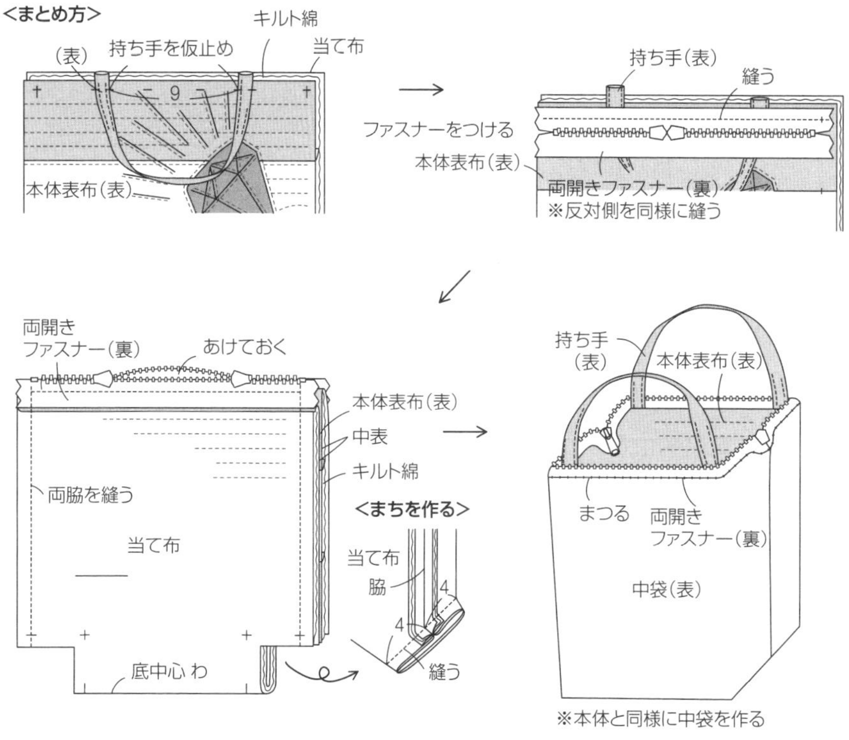

でき上がり図

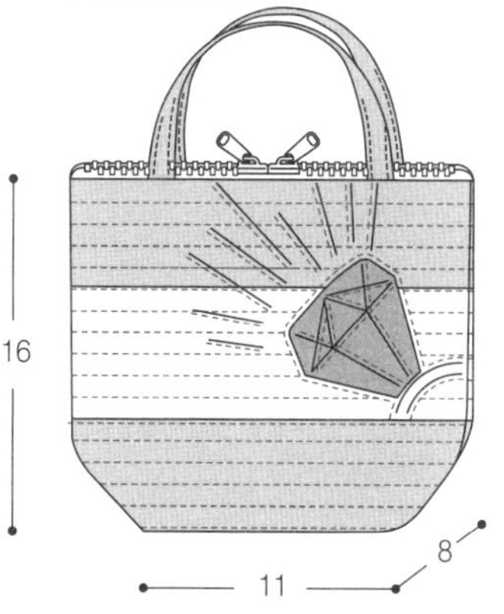

バッグ

材料

パッチワーク用布…スクラップ布を使用(内側C・Dを含む)、裏布80×40cm、当て布・キルト綿各50×40cm、縫い代始末用バイアス布3×140cm、幅0.8cmリボン20cm、28cm丈両開きファスナー 2本、プラスチックバックル一組、Dカン2個、ナスカンつきショルダー 1本

作り方

❶パッチワークをして外側A・Bを作り、キルト綿、当て布と重ねてキルティング。
❷外側A・Bにそれぞれ裏布を合わせファスナーをはさんで縫う。
❸内側C・Dに裏布を合わせファスナーをはさんで縫う。
❹外側と内側を中表に合わせバイアス布を重ねて周囲を縫う。
❺表に返しミシンステッチをかける。

バッグ配置図 (すべて裏布同寸)

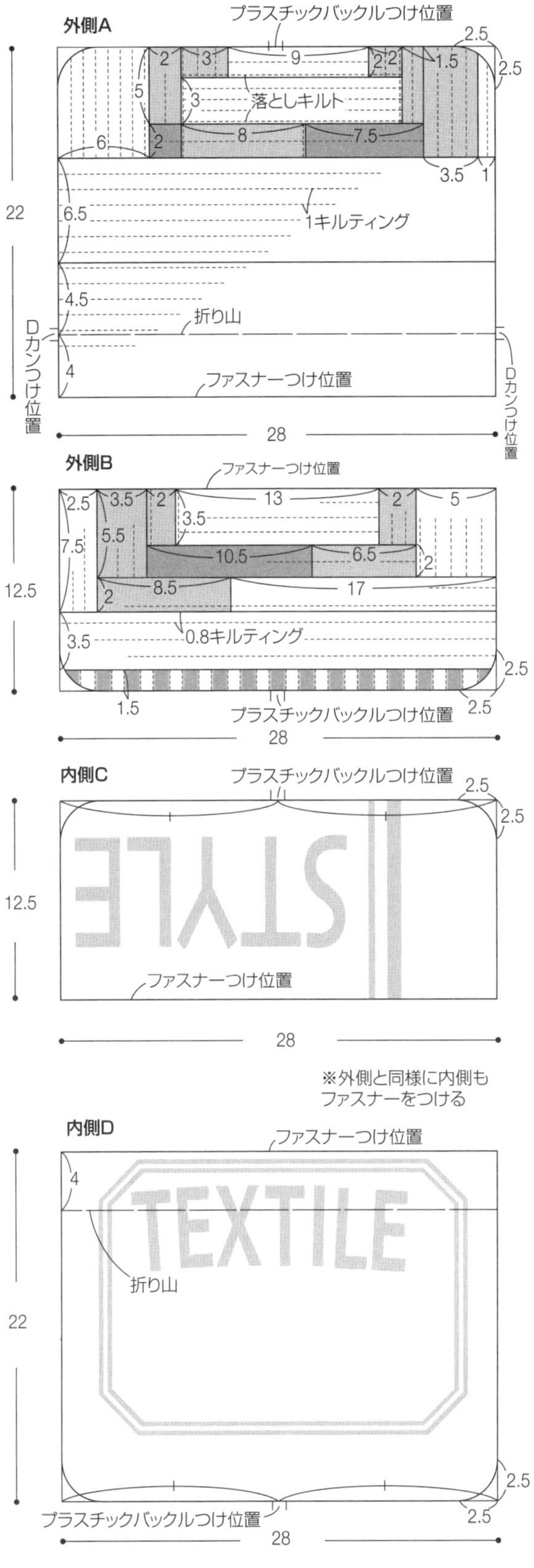

<外側A・Bにファスナーをつける>

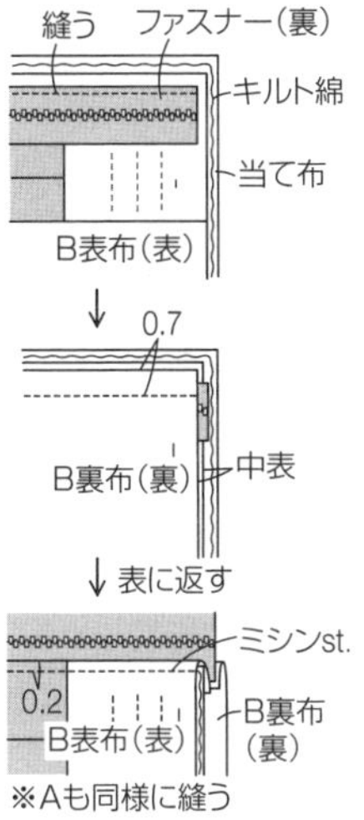

<まとめ方>

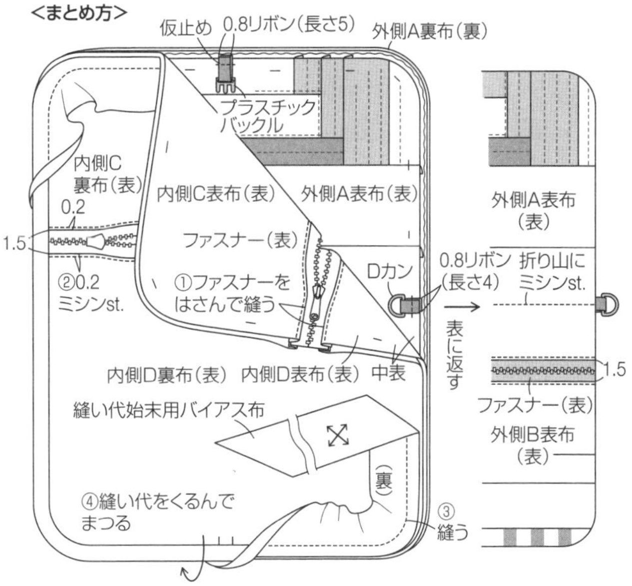

でき上がり図

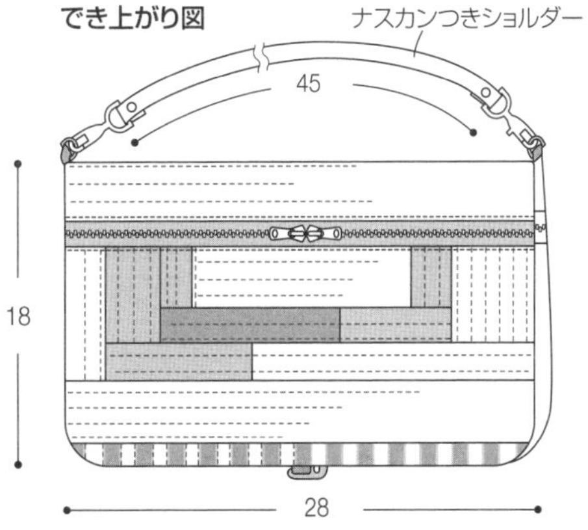

作品62ページ

29

巾着

作り方

❶本体表布2枚に接着芯を貼り、中表に合わせひも通し口と袋口を残して縫い本体を作る。
❷中袋も同様に縫う。
❸本体と中袋を中表に合わせ袋口を縫う。
❹持ち手を作り本体につける。
❺ひも通し口に平コードを通し、ループ、飾りボタンをつける。

材料

本体…プリント(持ち手を含む)55×45㎝、中袋45×40㎝、接着芯45×40㎝、直径0.3㎝丸コード10㎝、幅0.5㎝平コード180㎝、直径2㎝飾りボタン1個
★ 実物大型紙は巻末B面

巾着配置図

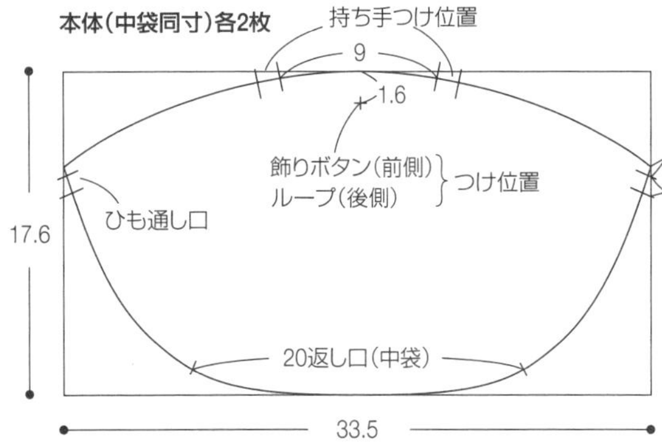

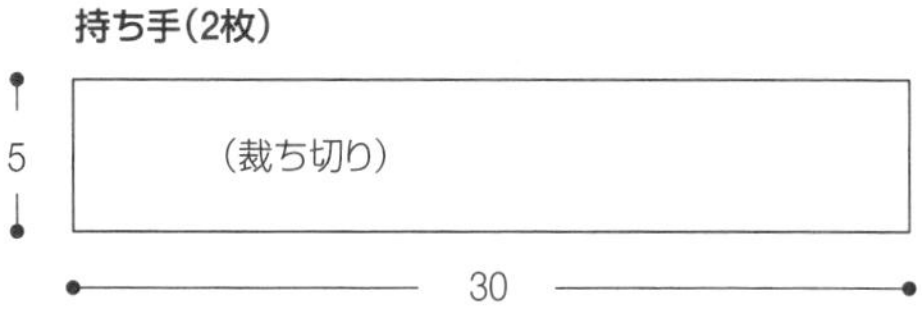

<持ち手>

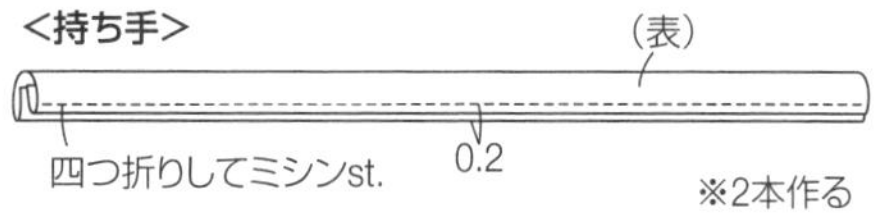

<本体>

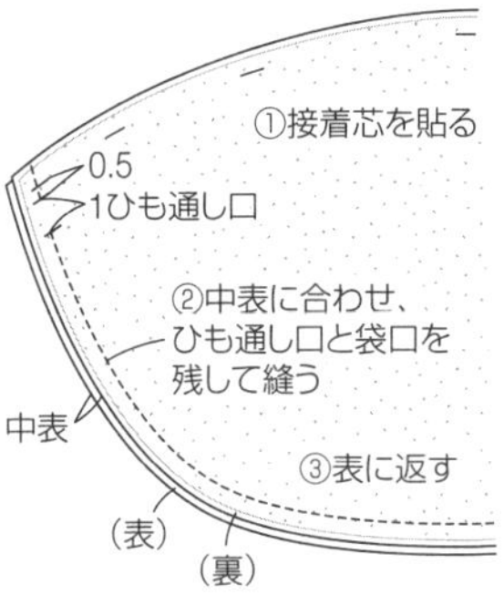

<中袋>

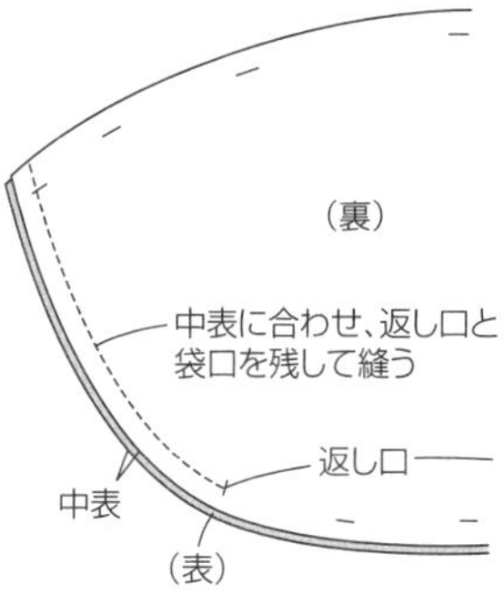

<まとめ方>

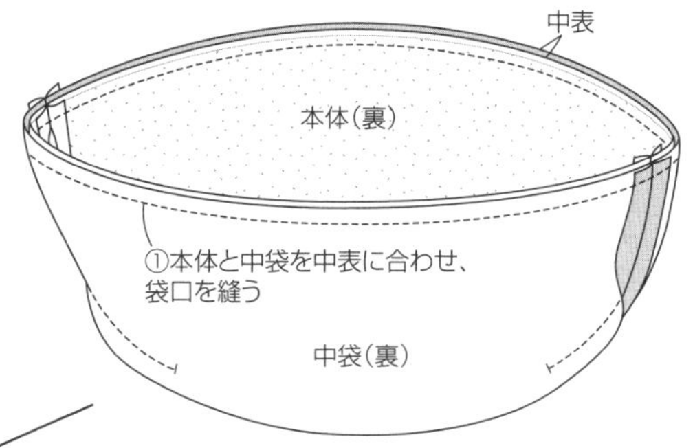

②表に返し、返し口を閉じる
※底の縫い代同士を中とじする

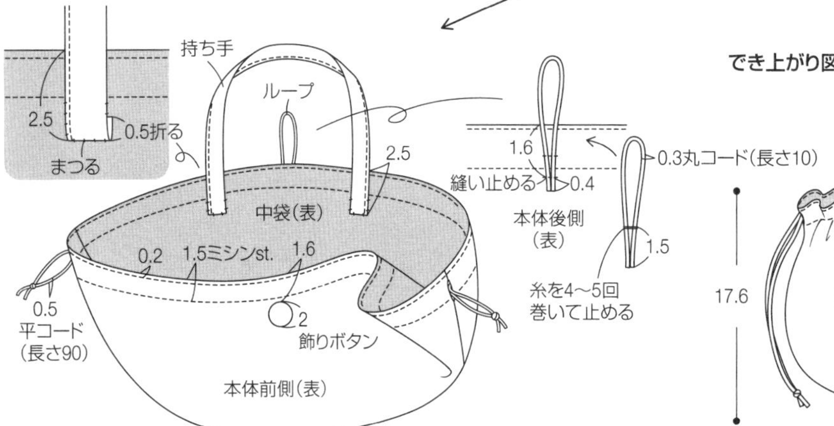

でき上がり図

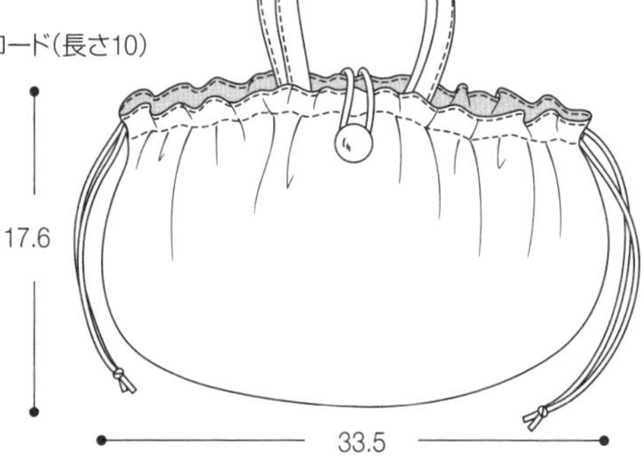

作品63ページ

30

バッグ

材料

前・後側…プリント(持ち手を含む)110×50㎝、中袋75×45㎝、幅4.2㎝リボン35㎝、25番刺しゅう糸各色・両面接着シート各適宜

作り方

※アップリケ布は両面接着シートを貼って裁つ。

❶前側布に柄に合わせて刺しゅうとアップリケをする。

❷前・後側布を中表に合わせ両脇を縫い本体を作る。

❸中袋と持ち手を作る。

❹本体と中袋を中表に合わせ、持ち手をはさみ袋口を縫う。

❺表に返し、まちをたたんで底を縫い、リボンで底の縫い代をはさんで縫う。

バッグ配置図

★前·後側と中袋の底の縫い代は2㎝とる

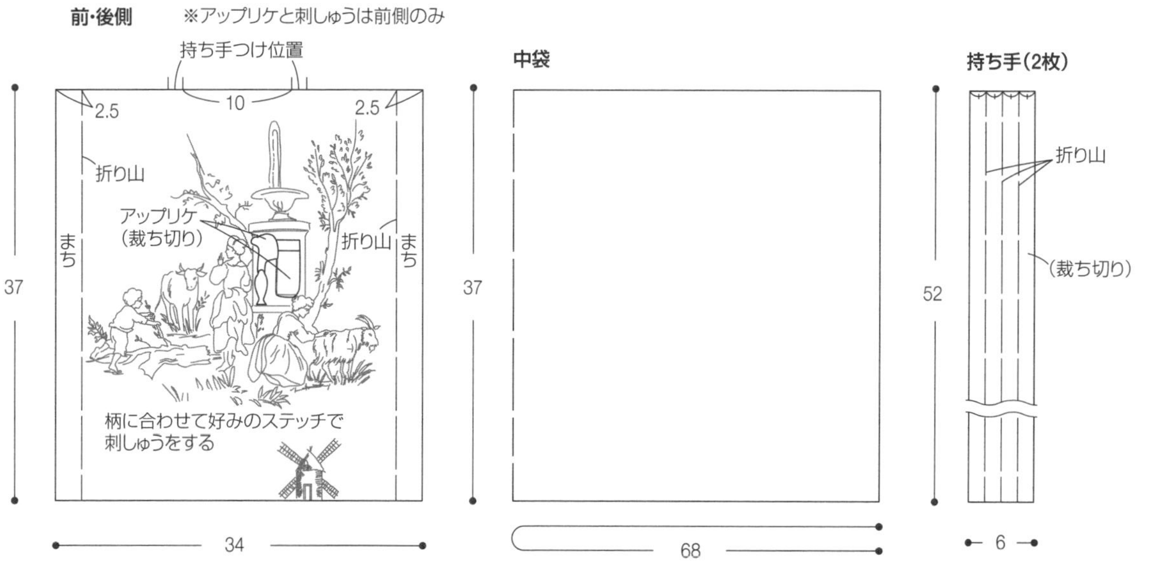

<前·後側>

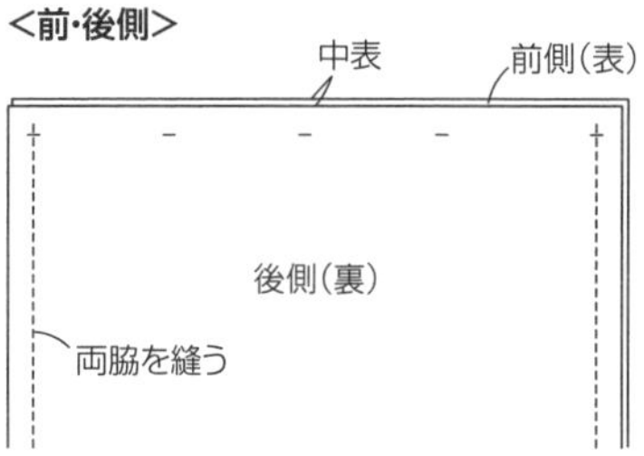

<中袋>

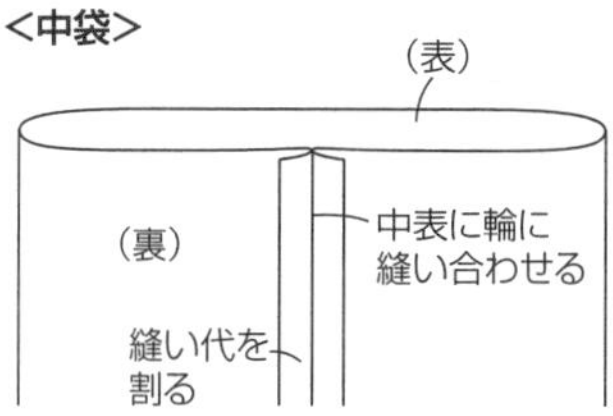

<持ち手>

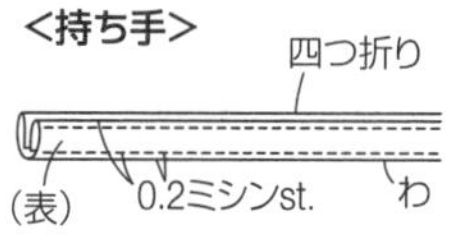

※2枚作る

でき上がり図

<まとめ方>

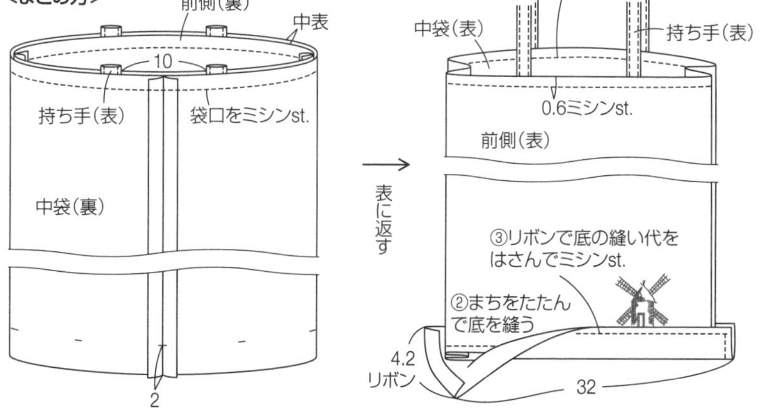

小関鈴子 *Koseki Suzuko*

服飾を学び、後にパッチワークと出合う。1978年「チャックスパッチワークスクール」に入学。野原チャック氏に師事する。
ポップで小粋でさわやかなおしゃれ感覚のキルトにファンは多い。ハーツ＆ハンズの講師を経て、現在は自宅ほかで教室を開く。
日本ヴォーグ社キルト塾講師。著書に『ジャパニーズパッチワーク』、『わたしが大切にしたいこと』(共に日本ヴォーグ社)などがある。
ホームページ　http://kwne.jp/~clochette/

STAFF

撮影／渡辺淑克、山本正樹、本間伸彦、森谷則秋、白井由香里
スタイリスト／井上輝美、植松久美子
レイアウト／竹盛若菜
作品制作協力／金澤素子
トレース／大楽里美、山崎裕美
編集協力／鈴木さかえ、吉田晶子、荒木嘉美、宮本みえ子
編集担当／石上友美

撮影協力

PROPS NOW
〒108-007　東京都２港区白金 2-1-1 パセオ三光坂 1F　TEL 03-3473-6210

あなたに感謝しております

We are grateful.
手づくりの大好きなあなたが、この本をお選びくださいましてありがとうございます。
内容はいかがでしたでしょうか？
本書が少しでもお役に立てば、こんなにうれしいことはありません。
日本ヴォーグ社では、手づくりを愛する方とのおつき合いを大切にし、
ご要望におこたえする商品、サービスの実現を常に目標としています。
小社及び出版物について、何かお気づきの点やご意見がございましたら、
何なりとお申し出ください。そういうあなたに私共は常に感謝しております。
株式会社　日本ヴォーグ社　社長　瀬戸信昭　Fax.03-3269-7874

小関鈴子の モードなキルト

発行日／2016年10月15日
著者／小関鈴子
発行人／瀬戸信昭
編集人／今ひろ子
発行所／株式会社 日本ヴォーグ社
〒162-8705　東京都新宿区市谷本村町3-23
Tel.03-5261-5083（編集）　Tel.03-5261-5081（販売）
振替／00170-4-9877
出版受注センター　Tel.03-6324-1155　Fax.03-6324-1313
印刷所／株式会社 東京印書館
Printed in Japan ©Suzuko Koseki 2016
NV70384　ISBN978-4-529-05627-4　C5077

立ち読みもできるウェブサイト「日本ヴォーグ社の本」
http://book.nihonvogue.co.jp/